LA MÉDICATION SULFUREUSE

ET

LES EAUX D'ENGHIEN

PAR

Le Docteur FEUGIER

Médecin consultant à Enghien

SOMMAIRE

Eaux sulfurées calciques d'Enghien.

I. PROPRIÉTÉS PHYSIQUES ET CHIMIQUES. — II. DIVERS MODES D'EMPLOI (INHALATIONS ET PULVÉRISATIONS, LAVEMENTS GAZEUX, BAINS ET DOUCHES). CALORIQUE NATIF ET CALORIQUE ARTIFICIEL. — III. DU MODE D'ACTION DE L'EAU D'ENGHIEN. — IV. INDICATIONS GÉNÉRALES. APPLICATIONS COMMUNES : SCROFULE, SYPHILIS, CHLOROSE, RHUMATISME. — V. APPLICATIONS SPÉCIALES : DERMATOSES, MALADIES DES VOIES RESPIRATOIRES. APPLICATIONS SECONDAIRES. — VI. APPLICATION SPÉCIALE DANS LA TUBERCULOSE PULMONAIRE CHRONIQUE. — VII. CLIMAT DE LA STATION. MORBIDITÉ ET MORTALITÉ.

COULOMMIERS

IMPRIMERIE PAUL BRODARD

—

1894

LA MÉDICATION SULFUREUSE

ET

LES EAUX D'ENGHIEN

PAR

Le Docteur FEUGIER

Médecin consultant à Enghien

SOMMAIRE

Eaux sulfurées calciques d'Enghien.

I. PROPRIÉTÉS PHYSIQUES ET CHIMIQUES. — II. DIVERS MODES D'EMPLOI (INHALATIONS ET PULVÉRISATIONS, LAVEMENTS GAZEUX, BAINS ET DOUCHES). CALORIQUE NATIF ET CALORIQUE ARTIFICIEL. — III. DU MODE D'ACTION DE L'EAU D'ENGHIEN. — IV. INDICATIONS GÉNÉRALES. APPLICATIONS COMMUNES : SCROFULE, SYPHILIS, CHLOROSE, RHUMATISME. — V. APPLICATIONS SPÉCIALES : DERMATOSES, MALADIES DES VOIES RESPIRATOIRES. APPLICATIONS SECONDAIRES. — VI. APPLICATION SPÉCIALE DANS LA TUBERCULOSE PULMONAIRE CHRONIQUE. — VII. CLIMAT DE LA STATION. MORBIDITÉ ET MORTALITÉ.

COULOMMIERS

IMPRIMERIE PAUL BRODARD

—

1894

COULOMMIERS
Imprimerie PAUL BRODARD

ENGHIEN-LES-BAINS

EAUX SULFURÉES CALCIQUES D'ENGHIEN

Autrefois Enghien était une station aristocratique, le roi y venait; aujourd'hui les chemins de fer et la mode emportent les oisifs et les malades vers les Alpes et les Pyrénées. Après une prospérité et des progrès continus pendant plus de trois quarts de siècle, cette ville d'Eaux traverse une période de crise toute momentanée : le passé nous répond de l'avenir. Mais, par une heureuse compensation, la ville de villégiature n'a pas cessé de grandir. Les Parisiens, les étrangers même y séjournent de plus en plus, attirés par la beauté du site, l'heureuse exposition et l'aération parfaite de ce large plateau qui, de Montmorency à Orgemont, domine de loin les alluvions de la Seine. Beaucoup y reviennent, après avoir longtemps cherché la meilleure station d'été, et témoignent ainsi hautement de l'excellence de son climat [1].

Faisons rapidement la topographie générale de ce territoire que nous appellerons, comme Balzac,

---

1. Voir chap. VII, Climat de la Station.

la belle vallée de Montmorency, mais qui est un plateau pour les géologues; car, loin d'être enserré par des montagnes, il est complètement découvert de tous côtés, excepté au nord-est, où il se rattache à la colline de Montmorency dont il est le support et dont il a déjà la moitié de l'altitude.

La colline de Montmorency commence par un puissant contrefort qui porte la ville du même nom et présente trois versants : à l'est, au sud et à l'ouest. Les admirables pentes du sud et de l'ouest, toutes couvertes de parcs et de villas, appartiennent moins à l'ancienne ville, isolée sur le sommet, qu'à la ville nouvelle, Enghien-les-Bains, qui s'élève bientôt après sur une déclivité plus douce, quoique très marquée encore. Toutefois, dans le quartier sud d'Enghien, au delà de l'église, le sol prend une direction presque horizontale et forme le plateau d'Ormesson, plus élevé que la plaine environnante, espoir d'une nouvelle petite ville et déjà percé de trois belles avenues. Le boulevard Cotte, qui traverse tout ce quartier du nord au sud, atteint presque, en son point culminant, la même altitude que le col d'Orgemont, colline située vis-à-vis, à l'extrémité sud-ouest de la vallée. C'est donc une terre assez haute, et comme le premier gradin de cette longue chaîne de collines boisées, qui s'étend de Montmorency à Bessancourt, et sur un second plan de Montmagny à l'Isle-Adam; cette double série de collines atténue l'action des vents froids de l'est et du nord.

Puis, par une double pente, du haut du boulevard Cotte, le sol s'incline de nouveau, d'un côté vers les champs d'Épinay, de l'autre vers l'établissement thermal et un peu au delà, jusqu'au ruisseau sorti du lac, à partir duquel le terrain se relève lentement jusqu'aux buttes d'Orgemont.

En face de l'établissement thermal apparaît enfin le lac, avec sa magnifique ceinture de grands arbres, disposés en massifs puissants que reflètent les eaux, son île peuplée de cygnes, et ses bords infléchis en longues courbes gracieuses, où des villas se cachent sous des arbres géants. Au delà, dans le nord, un vaste horizon de collines, qui, loin de serrer étroitement le plateau dont le lac occupe la dépression centrale, décrivent tout autour un immense circuit, comme pour encadrer une plus grande étendue de ces beaux champs et de ces bois superbes. Tout d'abord, au nord-est, apparaît la colline qui porte la forêt de Montmorency et passe par Andilly, Montlignon, Saint-Leu et Bessancourt, en prolongeant sa magnifique courbe vers le nord-ouest; puis, dans le lointain, tout à fait au nord-ouest, s'élève une autre colline, celle de Cormeilles, séparée de la première par une lieue de champs cultivés; elle continue le circuit montagneux, atteint son point culminant de 160 mètres au moulin de Sannois, pour abaisser ensuite ses cimes inégales jusqu'aux buttes d'Orgemont, limite occidentale du plateau d'Enghien.

C'est au milieu de ces belles collines que jaillissent les eaux les plus sulfurées de France [1], les plus actives et presque les seules de toute la région septentrionale. Les médecins de Paris les déclarent excellentes et les conseillent à quelques étrangers et aux malades des provinces éloignées; mais, pour la clientèle parisienne, ils leur préfèrent les eaux lointaines, surtout celles des stations de montagnes. Ils semblent donc accorder autant d'importance au changement complet de milieu qu'à la médication sulfureuse elle-même. Il entre dans cette opinion des éléments très divers : d'abord une dépréciation injuste des Eaux minérales, qui ont des effets plus puissants et à plus longue portée que les autres médications; — ensuite, une estimation exagérée de l'influence du climat en général, eu égard surtout à la courte durée d'une cure thermale; — puis, plus

1. Après celles de Challes, en Savoie.

particulièrement un préjugé trop favorable à l'influence du séjour des *altitudes* : ces climats sont toniques ou excitants, il est vrai, mais les effets en sont très éphémères, si le séjour n'a pas été suffisamment prolongé; — enfin, il y a aussi un oubli des nombreux dangers que présente, dans toutes les affections des voies respiratoires, le climat des *altitudes moyennes* [1]. Cette opinion que nous cherchons à combattre renferme cependant une part de vérité : c'est qu'un homme, surmené par les fatigues professionnelles et l'inquiétude des affaires, éprouve lui-même le besoin, surtout moral, de s'arracher plus complètement à ses travaux ou à ses soucis par le plus long voyage. Mais ce motif n'existe ni pour les femmes ou les enfants, ni pour un grand nombre de malades qui demandent avant tout le repos dans une campagne salubre et redoutent même les longs déplacements. J'ai vu souvent de ces derniers, qui avaient choisi Enghien, un peu malgré leur médecin, et qui s'étonnaient qu'on ait voulu les envoyer si loin, quand des eaux si proches étaient si salutaires.

Cette énorme agglomération parisienne de trois millions d'habitants doit compter, certes, plus de 50 000 personnes atteintes de rhumatismes, de maladies de la peau ou des voies respiratoires; plus de 12 000 phtisiques y succombent tous les ans, dont un cinquième peut-être présentait au début des tuberculoses lentes et curables. Le plus petit nombre, les plus riches ou les moins occupés, gagnent les stations lointaines. Combien d'autres pourraient, avec les eaux d'Enghien, combattre efficacement leurs maladies chroniques! D'autre part, 2 000 à 3 000 Parisiens venant faire une saison à Enghien créeraient un centre très important où se trouveraient combinés les avantages de la villégiature et ceux de

---

1. Voir chap. IV, Scrofule; — chap. VI, Phtisie (choix du climat).

la cure hydro-minérale. Il n'est pas téméraire d'avoir cette ambition pour la *vallée de Montmorency*, la plus grande et la plus belle des environs de Paris. Il y aurait là, d'abord, une large utilisation d'une richesse minérale plus d'à moitié perdue; puis, un autre avantage : les étrangers, les Anglais surtout, recherchent plus que nous les bonnes conditions hygiéniques et les applications des eaux minérales ; ils voudraient trouver près de la ville de plaisirs et d'affaires, un *home* à la campagne, souvent aussi un traitement thermal (et les eaux sulfurées ont des applications plus variées que les autres). Enghien, grâce à ses eaux, à son climat, à sa proximité de la métropole et à l'exemple donné par les Parisiens, pourrait devenir une de leurs stations les plus fréquentées. Or Paris aurait bien quelque avantage à retenir près de ses murs tant de riches visiteurs, qui vont, à l'Est et au Nord, faire la fortune des stations étrangères.

Mais jusqu'à présent, si notre station, une des plus utiles et des plus méconnues, a pu se maintenir, c'est surtout grâce aux malades des provinces voisines, et parfois des plus éloignées. Toutefois, dans un rayon d'une centaine de lieues autour de Paris, dans cette moitié septentrionale de l'ancienne Gaule qui est notre zone naturelle d'attraction, chez les Belges et chez les Bataves, combien de milliers d'autres malades, faute d'une direction médicale plus complète, méconnaissent tout à la fois l'efficacité de nos eaux et cette vérité thérapeutique, ainsi exprimée par Bordeu : « Le traitement hydro-minéral est, de tous les secours de la médecine, le mieux en état d'opérer, pour le physique et le moral, toutes les révolutions nécessaires et possibles dans les maladies chroniques. »

J'ai cru rendre un service à la santé générale en faisant mieux connaître nos eaux, en les rappelant surtout aux médecins praticiens ; ce sont eux en effet, qui, au lieu de se laisser entraîner par le courant des préjugés et des habitudes, doivent être les seuls directeurs de la santé publique parce qu'ils sont seuls compétents.

Après vingt-cinq ans de pratique et d'observations près des eaux d'Enghien, comme médecin consultant ou suppléant l'inspecteur de Puisaye, je puis achever dans l'âge mûr l'œuvre commencée dès mes premières années de médecine thermale. Frappé du grand nombre de phtisiques incurables et même intraitables qu'on envoyait dans cette station, tandis que des tuberculeux, non épuisés encore, retiraient de l'usage de nos eaux une amélioration évidente, je cherchai à formuler de nouvelles règles pour l'administration des eaux sulfureuses dans la phtisie chronique. De Puisaye avait écrit, en 1853, que l'époque la plus favorable pour la cure sulfureuse était la *deuxième période, en raison du ramollissement des tubercules*. Cette opinion est restée classique, au point que les professeurs Hérard et Cornil, dans leur dernière édition de la *Phtisie pulmonaire*, disent en 1888 : « Avec Pidoux, de Puisaye et beaucoup d'autres hydrologues éminents, nous croyons que la médication sulfureuse réussit tout particulièrement dans la seconde période de la maladie », c'est-à-dire la période de ramollissement, puisque de Puisaye l'entendait ainsi. Cette règle ainsi comprise (et l'absence de toute réserve ou explication nous en donne le droit strict) est en contradiction formelle avec la symptomatologie de ce beau traité, où les auteurs établissent que *la période des craquements et des râles sous-crépitants appartient encore au premier degré et qu'elle est caractérisée par des congestions et des pneumonies susceptibles d'être avantageusement modifiées et même guéries*; j'ajoute : incomparablement plus curables que le ramollissement tuberculeux. Or, dans un premier travail, en 1869, j'avais soutenu la thèse suivante, nouvelle alors, et qui malheureusement n'est pas encore vulgarisée : *L'eau sulfureuse convient tout particulièrement dans les périodes initiales de la phtisie chronique, dans la phase congestive, et dans la phase inflammatoire, celle des pneumonies partielles, laquelle appartient encore au premier degré anatomique* [1]. Cette vue nouvelle de thérapeutique thermale avait la plus grande utilité pratique, parce qu'elle devait encourager les praticiens à diriger leurs malades vers les stations sulfureuses, avant la consomption qu'entraîne le plus souvent la fonte tuberculeuse ; elle était conforme aux principes généraux de thérapeutique, à la découverte récente de Villemin qui venait de démontrer la nature *virulente* de la tuberculose (en même temps qu'il en rétablissait l'*unité*, constituée par Laënnec et scindée par l'esprit obscur et étroit de l'école allemande). Enfin elle m'a été confirmée par une expérience déjà longue ; et on ne saurait lui opposer l'expérience de Puisaye, car je prouverai plus loin que cet auteur s'était trompé, avec tous ses contemporains, sur la signification de certains râles, et que, dès lors, tout en reconnaissant la valeur de ses observations, on doit entendre ce qu'il a dit de la deuxième période (encore favorable à la cure, sinon la plus propice), non pas du 2e degré anatomique, mais de la 2e *phase initiale* ou *phase inflammatoire*. Vis-à-vis de la médication sulfureuse, entre cette période des pneumonies et le ramollissement tuberculeux, il était absolument nécessaire d'établir une bonne ligne de démarcation : en deçà, la guérison encore possible ; au delà, la débâcle presque certaine, et d'autant plus fatale devant l'évolution progressive du tubercule qu'on s'éloigne davantage de la période d'*incubation*.

Dans ce nouveau travail, je crois avoir complètement élucidé cette importante question des *phases les*

---

[1]. *Des Indications des eaux d'Enghien dans la phtisie pulmonaire.* Lahure, 1869.

plus favorables à l'administration des eaux sulfureuses dans la tuberculose pulmonaire.

Malgré quelques divergences de vue, de Puisaye m'honora toujours de son amitié, et lorsqu'en 1876 il fut atteint d'une cruelle et dernière maladie, il me désigna au choix du ministre comme inspecteur suppléant.

Mon étude comprendra les chapitres suivants :

I. — Propriétés physiques et chimiques des eaux d'Enghien.

II. — Divers modes d'emploi (inhalations et pulvérisations, lavements gazeux, bains et douches); calorique natif et calorique artificiel.

III. — Du mode d'action de l'eau d'Enghien.

IV. — Indications générales. — Applications communes : scrofule, syphilis, chlorose, rhumatisme.

V. — Applications spéciales : dermatoses, maladies des voies respiratoires. — Applications secondaires.

VI. — Application spéciale dans la tuberculose pulmonaire chronique.

VII. — Climat de la station. Morbidité et mortalité.

CHAPITRE I

PROPRIÉTÉS PHYSIQUES ET CHIMIQUES

Les eaux d'Enghien sont des eaux froides sulfurées calciques et sulfhydriquées; les eaux des Pyrénées sont des sulfurées sodiques. Le Dr Rotureau, un auteur très compétent, a dit : « En étudiant les sources pyrénéennes, on verra l'identité presque absolue de leurs effets physiologiques et thérapeutiques avec ceux que produisent les eaux d'Enghien, malgré les différences qui existent dans la composition des principes fixes et gazeux contenus dans ces eaux. »

Les anciennes sources d'Enghien (Cotte ou du Roi, Deyeux, Bouland, Péligot, de la Pêcherie) sont carboniques et sulfureuses moyennes; elles donnent un débit total de 81 000 litres en vingt-quatre heures.

Les nouvelles sources (du Lac, de Puisaye, du Nord et de la Succursale) sont des carboniques et des sulfureuses fortes, très riches en matière organique azotée; elles ont un débit qui atteint aujourd'hui un million de litres d'eau en vingt-quatre heures.

L'eau d'Enghien est limpide et incolore, d'une saveur un peu alcaline, *fraiche* et *agréable*, dit RÉVEIL (quand elle a été récemment puisée). Les sulfureuses fortes ont une saveur légèrement amère. Dans les sources du *Roi* et *Deyeux*, qui sont prescrites pour la boisson, c'est la saveur fraîche qui domine; elle est due à l'acide carbonique et à la matière organique.

Sulfuration. Altérabilité. Température. — Réveil, O. Henri et d'autres chimistes affirment que l'eau d'Enghien est beaucoup plus sulfurée que celles des Pyrénées. En effet, voici les moyennes obtenues pour les groupes suivants, en *soufre pur* :

9 principales sources	de Luchon.....	$0^{gr}0198$
12	—	de Barèges.....	0 0120
12	—	de Cauterets...	0 0058
9	—	d'Enghien.....	0 0372

La source Cotte ou du Roi, une des plus faibles d'Enghien (0 gr. 024), est aussi sulfurée que les eaux pyrénéennes les plus riches, comme : La Bassère (0 gr. 019), la Reine de Luchon (0 gr. 023), — Analyse de Filhol.

Mais, au point de vue thérapeutique d'une eau sulfurée, il importe beaucoup plus de considérer le degré de son *altérabilité* que sa propre teneur en principe sulfureux. Or les eaux d'Enghien sont d'une stabilité relative remarquable; la lumière, l'air et la chaleur les altèrent beaucoup moins vite que les autres eaux similaires. Pour les eaux des Pyrénées, la perte en sulfure pendant vingt-quatre heures, dans des bouteilles à moitié remplies et débouchées, varie entre 60 et 80 pour 100 (Filhol). Dans les mêmes conditions, l'eau d'Enghien ne perd que 10 pour 100. Dans un réservoir muni d'un couvercle flottant, elle ne perd plus que 7 pour 100 et pendant les premiers jours seulement.

Cette différence d'altérabilité tient à trois causes : l'eau d'Enghien est froide; elle est loin d'être saturée d'hydrogène sulfuré, gaz qui est très soluble dans l'eau; enfin elle contient une matière organique abondante qui contribue à sa conservation.

L'eau d'Enghien est à 12°. On a dit que cette température froide la rendait moins active que les eaux sulfureuses chaudes; c'était oublier que les eaux sulfurées de Challes et d'Allevard, si actives et si renommées, avaient l'une 10° et l'autre 14°. Mais il y a là une objection trop grave pour ne pas mériter une réfutation complète; nous y reviendrons à propos des inhalations et des bains. Constatons seulement ici que l'eau sulfureuse froide, en boisson, est plus agréable et mieux tolérée par la plupart des malades; que sa température basse aide à la conservation du principe sulfuré, ce qui est un avantage, même à la source, et surtout pour le transport des eaux minérales; de plus, qu'elle contribue certainement à la rendre moins excitante pour la même quantité de soufre absorbé.

Composition chimique. — L'eau d'Enghien contient :

1° Trois gaz : l'azote, l'hydrogène sulfuré et l'acide carbonique libre; ce dernier en quantité très importante, même dans les anciennes sources, ce qui les rend plus digestives.

2° Des sulfates, carbonates et silicates de chaux et de magnésie, des chlorures alcalins, des sulfates de soude et de potasse. De Puisaye fait remarquer qu'il est telle source d'Enghien, celle de la Pêcherie par exemple, où se trouve une quantité de soude égale à la quantité de soude signalée dans les eaux de Barèges et de Luchon. Les principes terreux n'y excluent donc pas les alcalins.

3° Plusieurs métaux et métalloïdes : le fer y a été trouvé par Leconte; plus tard, le chimiste Réveil y constata la présence du manganèse, de l'iode, du phosphore, de l'arsenic, de l'acide borique et de la lithine. « Quoique ces principes existent dans ces eaux en proportions très faibles, dit Réveil, on ne peut nier que des corps aussi énergiques dans leurs effets doivent contribuer à l'action thérapeutique des eaux qui en renferment. »

4° Enfin, la matière organique azotée ou *glairine* y est en proportion si considérable que son poids s'élève à 0 gr. 153 et 0 gr. 158 dans les sources du Lac et du Nord, tandis qu'on n'en découvre que 0 gr. 030 à 0,050 à Barèges, aux Eaux-Bonnes et à Pierrefonds. Réveil croit qu'une portion de cette matière organique est combinée au fer et au manganèse, et que celle qui est libre, après avoir aidé à la formation du principe sulfuré, contribue à sa conservation. Il dit à ce sujet : « Si l'on prépare artificiellement une solution aqueuse de gaz hydrogène sulfuré marquant un degré égal à celui des eaux d'Enghien, elle présentera une saveur âcre, désagréable, et elle se détruira rapidement. *C'est aux matières organiques qu'il faut attribuer la stabilité relative des eaux d'Enghien et leur saveur fraîche et agréable à laquelle on s'habitue facilement.* »

En résumé, les eaux d'Enghien sont plus riches en *principe sulfuré* et en *glairine* que les eaux des Pyrénées; elles contiennent des quantités minimes de métaux et de métalloïdes très actifs; leur composition saline est remarquable par sa richesse relative et sa variété (sels alcalins et terreux); enfin, elles jouissent d'une stabilité relative très importante au point de vue thérapeutique.

CHAPITRE II

INHALATIONS ET PULVÉRISATIONS. — LAVEMENTS GAZEUX. — BAINS ET DOUCHES. — CALORIQUE NATIF ET CALORIQUE ARTIFICIEL

Salles d'inhalation et de pulvérisation. — Il y en a deux ; chacune d'elles, d'une superficie de 50 mètres carrés, est pourvue de ventilateurs destinés à renouveler ou à rafraîchir l'air intérieur. Le brouillard sulfureux y est constitué par le jeu de 38 appareils pulvérisateurs fonctionnant d'une manière constante, *sous l'impulsion d'une force motrice considérable à effet continu*. L'eau sulfureuse, poussée sans interruption par une machine de 8 chevaux jusqu'aux appareils, y arrive à plein canal, à l'abri du contact de l'air et ayant toute sa minéralisation au moment où elle est réduite en poussière.

La pulvérisation d'une eau sulfurée a pour effet immédiat de la désulfurer en partie : aussi a-t-on utilisé exclusivement pour les salles d'inhalation et de pulvérisation la *source du Lac*, la plus sulfurée. Par la pulvérisation, cette eau perd 66 pour 100 de son principe sulfuré, mais, ainsi réduite, elle est encore plus riche que les eaux des Pyrénées après la même opération ; les eaux de Barèges et de la source

César, à Cauterets, possèdent seules alors un titre sulfurométrique égal à celui de l'eau d'Enghien. De plus, les 66 pour 100 d'hydrogène sulfuré dégagés de l'eau minérale par la pulvérisation et répandus dans la salle ne sont pas perdus pour les malades ; ils apportent aux effets de l'eau pulvérisée l'appoint d'une *inhalation gazeuse*, qui, dans d'autres stations, constitue à elle seule un moyen de traitement qu'on appelle le *humage*.

Le tuyau qui amène l'eau de la source du Lac dans les salles est enveloppé d'un manchon, dans lequel circule un courant de vapeur, dont on règle à volonté la pression et par suite la puissance de caléfaction. La température du jet capillaire étant de 40° tombe à 30° par sa pulvérisation et se met aussitôt en équilibre avec celle de la salle qui est de 25° en moyenne. Et il est à remarquer que c'est cette perte régulière de calorique, qui entretient la température de la salle à un degré en rapport avec la chaleur initiale de l'eau en caléfaction (Dr Japhet).

Les malades trouvent, dans nos deux salles d'inhalation, comme moyens de traitement : 1° une *eau très finement pulvérisée* par des appareils à palette ou à tambour ; 2° une *eau grossièrement poudroyée* par des appareils à grillage métallique, pour douches buccales, nasales, oculaires et pharyngiennes ; 3° le *brouillard*, produit par la pulvérisation la plus fine, qui remplit toute la salle. Cette atmosphère contient aussi les trois gaz, azote, acide carbonique et hydrogène sulfuré, dégagés de l'eau pulvérisée. Il y a donc *inhalation de poussière d'eau et de gaz*.

La fréquentation des salles d'inhalation offre-t-elle quelque danger au point de vue de la contagion de la phtisie pulmonaire ou laryngée ? — Un fait capital a été expérimentalement démontré : c'est que l'air expiré par les phtisiques n'entraîne aucun bacille et par conséquent n'a pas de propriétés virulentes. Au contraire, la virulence des crachats tuberculeux est un fait expérimentalement prouvé. Mais pour que des particules de ces crachats puissent pénétrer pendant l'inspiration dans les organes respiratoires, il faut qu'elles soient *desséchées* et en suspension dans l'air. Or l'humidité constante des salles d'inhalation rend ce mode de contagion impossible. Si, malgré les prescriptions les plus formelles, quelques crachats tuberculeux viennent à être projetés dans les cuvettes ou sur les barreaux à jour du plancher, ils sont sans cesse délayés, puis entrainés par l'eau minérale qui imprègne toute la salle. Deux fois par jour, après chaque séance, une ventilation puissante est établie, et deux hommes font un lavage à grande eau de tous les appareils et du plancher à claire-voie. Quelques particules de ces crachats auraient-elles résisté à ce double lessivage, elles ne pourraient arriver à dessiccation. En conséquence, quand bien même l'acide sulfhydrique ne posséderait pas la plus haute puissance toxique à l'égard du bacille, au point de vue de la suppression de la virulence, quand bien même l'eau d'Enghien ne serait pas la plus sulfhydriquée des eaux minérales, après celle de Challes, l'infection de l'air serait encore prévenue par les conditions d'humidité où se trouvent les salles d'inhalation.

Lavements gazeux (d'après la méthode des Drs Bergeon et Morel de Lyon). — Voici en quoi consiste l'appareil de l'établissement thermal construit d'après les conseils du Dr Bergeon : un courant d'acide carbonique produit par un appareil de Sehet, ayant une pression de 3 à 5 atmosphères, passe d'abord dans un grand flacon laveur qui renferme une certaine quantité de sulfure de carbone pur; de là, dans une bonbonne contenant 20 litres d'eau d'Enghien; il s'y sature d'hydrogène sulfuré et l'entraine avec lui (expérience de Claude Bernard) dans un flacon exactement rempli d'eau tiède, et communiquant par son fond avec un autre flacon, élevé de 50 centimètres au-dessus de lui. Ce second flacon porte des graduations mesurant des quarts et des demi-litres : à mesure que le premier flacon se remplit de gaz, celui-ci refoule l'eau qui monte dans le second flacon, et quand ce dernier est plein, l'appareil est prêt à fonctionner. On n'a plus qu'à ouvrir le robinet d'un tube émergeant de la partie supérieure du premier flacon, et auquel s'adapte le tuyau en caoutchouc que termine la canule anale. Les graduations du second flacon dont l'eau revient dans le premier pendant l'opération, indiquent la quantité de gaz employé.

Bains et douches. Calorique natif et calorique artificiel. — Nous avons vu comment on chauffait l'eau des inhalations par un courant de vapeur en pression, jusqu'à 40°, et sans l'altérer ni la mitiger. On peut aussi donner des bains d'eau sulfureuse pure : pour cela on chauffe l'eau minérale au moyen d'un double fond placé dans la baignoire et renfermant un serpentin dans lequel circule de la vapeur en pression; le bain est chaud en quelques minutes. Dans ce cas, le sulfhydromètre indique 18 divisions, sulfuration très considérable et qui est réservée à quelques malades seulement.

Le procédé le plus employé consiste à remplir d'abord la baignoire aux trois quarts ou aux deux tiers avec de l'eau minérale froide, suivant le degré de sulfuration qu'on veut obtenir, et à compléter le bain avec de l'eau commune chaude à 80°, et *par conséquent privée d'air*. Les deux eaux sont apportées par des tuyaux qui aboutissent au fond de la baignoire pour ne pas agiter le liquide, ce qui déterminerait une perte d'hydrogène sulfuré. Le bain ainsi préparé marque 9 à 12 divisions au sulfhydromètre et présente une sulfuration moyenne qui convient à la majorité des cas.

La douche est chauffée également par le mélange avec un huitième, un quart ou un tiers d'eau chaude à 80°.

C'est ici que se pose l'intéressante question du *calorique natif* ou du *calorique artificiel*.

Le D' Gillebert a examiné la température des eaux minérales dans son degré plus ou moins convenable aux usages balnéaires [1]. Cet examen a porté sur 252 sources appartenant, savoir : 9 à Enghien, et 243 aux 14 principales stations des Pyrénées. Sur le nombre total, 34 sources seulement ont une température à peu près égale à celle qui convient aux bains (eaux mésothermales), 54 ont besoin d'être chauffées (eaux athermales ou protothermales), et 164 d'être refroidies (eaux hyperthermales). Le mélange des eaux hyperthermales avec des eaux froides est le procédé de refroidissement le plus généralement usité dans les stations thermales des Pyrénées, procédé défectueux, car l'eau froide étant toujours aérée, a l'inconvénient, par son mélange avec l'eau sulfurée, de contribuer à l'altération de celle-ci en y introduisant de l'air. Cette altération a même commencé depuis le moment où les eaux chaudes ont jailli du sol, d'autant plus qu'une haute température favorise l'action comburante de l'oxygène. Aussi ces eaux sulfurées sodiques, qui déjà se distinguent des autres eaux minérales par la faiblesse de leur minéralisation (Filhol), arrivent-elles à la buvette avec des pertes qui varient entre 10 et 60 pour 100, à la douche ou au robinet des baignoires, avec des pertes plus grandes encore, de 30, 60 et jusqu'à 90 pour 100 (Analyses de Réveil pour Cauterets, de Filhol pour Ax, Luchon).

A Enghien, avec le serpentinage à la vapeur, l'eau perd à peine un milligramme de son principe sulfuré; avec le procédé le plus employé, c'est-à-dire le mélange avec l'eau chaude à 80°, l'eau d'Enghien, comme l'ont établi les recherches de Leconte et de

---

1. *Parallèle entre les eaux d'Enghien et celles des Pyrénées.* Asselin, 1878.

Puisaye, n'éprouve pas d'altération, et ne subit qu'un affaiblissement proportionnel à la quantité d'eau chaude ajoutée dans la baignoire; ainsi le bain marque encore 10 à 12 divisions au sulfhydromètre. Si l'on se reporte maintenant à notre tableau des moyennes, on verra que le titre moyen de nos sources est respectivement 2, 3 et 6 fois plus élevé que le titre moyen de Luchon, de Barèges et de Cauterets. Mais ce serait rester en deçà de la vérité; car ces eaux sulfurées sodiques sont toutes faibles en principe sulfuré, tandis que, sur les 9 sources d'Enghien, il y en a 4 sulfureuses *moyennes* qui ne donnent que 80 000 litres en 24 heures, et 5 sulfureuses *fortes*, ayant un débit de près d'un million de litres qui alimentent à elles seules les bains et les douches. Or la moyenne de ces 5 dernières est 0 gr. 0486. Nous avons dit que le bain mitigé d'un tiers, d'une moitié d'eau commune, marquait 12 et 9 divisions au sulfhydromètre (au lieu de 18 pour le bain d'eau minérale pure); cette eau affaiblie a donc encore pour titre minimum la moitié de 0 gr. 0486, soit 0 gr. 0243. Ce dernier chiffre est supérieur aux moyennes de Luchon, Barèges et Cauterets, qui sont en soufre pur 0 gr. 0198, 0 gr. 120 et 0 gr. 0058. Notre bain, même mitigé par moitié, est donc notamment deux fois plus sulfureux que le bain de Barèges, quatre fois plus que celui de Cauterets. Remarquons que dans ce parallèle nous avons supposé que les eaux chaudes ne faisaient plus aucune perte, ce qui est rarement réalisé. Cependant, à Amélie-les-Bains, on fait circuler l'eau hyperthermale, à tuyaux pleins, dans des conduits métalliques plongés dans l'eau froide, et on obtient ainsi le minimum de désulfuration. C'est un procédé de refroidissement analogue au chauffage de l'eau d'Enghien, soit pour nos inhalations, soit dans nos baignoires avec serpentin.

Vaincus, mais non désarmés, quelques partisans des eaux chaudes ont alors supposé que le *calorique natif* jouissait de propriétés particulières. Pour toutes preuves, ils ont dit que les eaux thermales se refroidissent plus lentement et qu'elles s'échauffent plus difficilement que les eaux athermales. Or cette assertion a été renversée par les expériences de Longchamps, de Bastien et Chevalier, de Walferdin, etc., qui ont, au contraire, constaté que les eaux thermales et les eaux athermales se refroidissent toujours dans le même laps de temps et qu'elles s'échauffent de même.

D'un autre côté, il est bien certain que le calorique est un excitant, quelle que soit d'ailleurs son origine.

Par conséquent, si le calorique natif des eaux thermales se comporte physiquement et physiologiquement comme le calorique artificiel, il ne peut jouir exclusivement de propriétés particulières. Avec Trousseau et Pidoux, on doit *considérer l'opinion opposée comme contraire aux notions les plus élémentaires de la physique*. A la Société d'hydrologie de Paris, le Dr Bougard, de Bourbonne-les-Bains, a traité de *chimériques* les propriétés particulières si gratuitement accordées au calorifique natif. Lors de cette communication, personne dans la Société n'a protesté contre cette assertion.

CHAPITRE III

DU MODE D'ACTION DE L'EAU D'ENGHIEN

1° **Sur les voies digestives.** — A doses modérées et graduées, l'eau d'Enghien excite l'appétit et la puissance digestive; elle imprime une activité plus grande aux sécrétions hépatique, pancréatique et intestinale; elle stimule le mouvement de l'intestin : d'où résultent des garde-robes plus faciles, et parfois de la diarrhée.

2° **Sur les voies respiratoires.** — Les organes respiratoires sont pour l'hydrogène sulfuré une voie très active d'absorption et d'élimination : ainsi, les malades qui ne prennent que des inhalations se saturent plus vite que ceux qui boivent seulement l'eau minérale; d'autre part, les expériences de Cl. Bernard ont prouvé la puissance et l'innocuité de l'élimination de l'hydrogène sulfuré par le poumon, quand on a introduit une solution concentrée de ce gaz dans la veine jugulaire d'un chien, ou bien encore dans l'estomac ou dans le rectum.

Chez les personnes qui suivent le traitement d'Enghien pour des affections chroniques des voies respiratoires, l'expectoration diminue pendant les premiers jours, puis augmente en devenant moins épaisse, et de puriforme qu'elle était, devient tout à fait muqueuse. Les râles sibilants, les sous-crépitants secs et humides tendent à disparaître. Si la dose d'eau minérale a été trop élevée, cette exagération d'abord modérée de l'activité des surfaces bronchique ou pulmonaire, peut aller jusqu'à l'inflammation, de ces parties et s'accompagner de fièvre; chez certains phtisiques, il peut y avoir des hémoptysies, mais l'hémoptysie thermale, d'ailleurs peu abondante et peu dangereuse, est rare à Enghien.

3⁰ **Sur les voies urinaires et les organes génitaux.** — On remarque dès les premiers jours une émission plus abondante d'urine, et dont la proportion n'est pas en rapport direct avec la quantité d'eau ingérée, ni avec la faculté d'élimination par les reins habituelle aux malades. Souvent l'urine est chargée de poussière et de graviers d'acide urique. A ce propos, Réveil dit qu' « il a constaté la présence de la lithine dans l'eau d'Enghien, non seulement au spectroscope, mais encore par l'analyse »; il ajoute : « Cette base a un équivalent très peu élevé, et, par conséquent, une grande puissance de saturation, et, comme l'urate de lithine est extrêmement soluble, il en résulte que cette terre alcaline favorise singulièrement l'élimination des diverses concrétions uriques. Il n'est donc pas téméraire d'attribuer à la lithine (comme à l'iode et à l'arsenic) une partie des bons effets que l'on retire des eaux d'Enghien. » Citons encore l'opinion de Bouchardat : « Des doses extrêmement faibles de lithine sont suffisantes pour produire les plus heureux effets, et on peut très bien se rendre compte par sa présence de l'efficacité de plusieurs sources renommées, à peine minéralisées d'ailleurs [1]. »

Les organes génitaux se trouvent également stimulés; chez la femme, le flux menstruel devient plus régulier; il est rétabli après sa suppression acciden-

---

1. *Annuaire de thérapeutique*, 1870, p. 287.

telle, et les écoulements leucorrhéiques chroniques peuvent être ramenés à l'état aigu ; chez l'homme, l'excitation génitale est encore plus marquée ; il y a fréquemment provocation de pertes nocturnes ; d'anciennes blennorrhagies peuvent reparaître. Parfois un homme, privé de puissance virile avant la vieillesse, éprouve un réveil inattendu des fonctions génitales, et même, dans deux cas, j'ai vu la fécondité succéder à une longue stérilité. Il ne s'agit donc pas de ces érections séniles qui ne relèvent que du bromure ; la fonction, *prématurément* supprimée, peut se rétablir dans toute son intégrité. Or le retour de cette fonction, qui n'est pas utile à la conservation de l'individu, est une preuve excellente du *remontement général* produit par nos eaux, lequel joue le premier rôle dans la guérison des maladies.

4° **Sur la peau.** — La peau, les reins et la muqueuse gastro-intestinale sont les trois grands appareils éliminatoires critiques, comme s'exprime Bordeu. De plus, dans les affections de la peau, se présente une des applications spéciales de l'eau d'Enghien. C'est donc un double motif pour appeler l'attention sur les effets physiologiques et thérapeutiques suivants.

Dès les premiers bains, la peau est plus fraîche, plus douce et plus moite ; elle est le siège, non d'une transpiration profuse qui vous refroidit, mais d'une activité tonique avec des frémissements agréables, et des sueurs tièdes qui sèchent vite comme si le sang était rafraîchi par cette sueur même et par le ralentissement des combustions organiques. Ces sensations de bon augure ne sont pas trompeuses ; la transpiration habituelle est toujours augmentée ; chez quelques-uns, on constate la réapparition d'une sueur locale autrefois supprimée, parfois une sueur générale très abondante et véritablement *critique*, qui peut durer de dix à quinze heures.

Cette modification de la sécrétion cutanée existe seule ou s'accompagne de diverses éruptions : sudamina, petites pustules d'acné, érythèmes plus ou moins fugaces, très rarement des furoncles. La *poussée* est rare; c'est une éruption érythémateuse, miliaire ou pustuleuse qui se comporte comme une fièvre éruptive, et se termine par une desquamation au bout de six ou sept jours.

Au point de vue thérapeutique, les dartres les plus sèches, comme le pityriasis et le psoriasis, s'avivent un peu, les squames tombent avec quelques démangeaisons. L'eczéma chronique, soit humide, soit desséché, revient généralement à l'état subaigu, c'est-à-dire que la rougeur, le prurit et l'exsudation séreuse ou séro-purulente augmentent dans les premiers temps; puis ces symptômes s'amendent, les squames tombent, l'écoulement cesse, l'œdème diminue, et souvent au bout d'un mois ou six semaines il ne reste plus aucune trace de la maladie.

5° **Action sur le système nerveux et la circulation.** — Jusqu'ici, nous n'avons eu à signaler que des phénomènes de stimulation, soit locale, soit généralisée, sur les quatre systèmes digestif, respiratoire, génito-urinaire et cutané. L'eau d'Enghien excite-t-elle aussi le système nerveux et la circulation?

Dans l'immense majorité des cas, pendant les trois premières semaines de la cure thermale, on n'observe aucune surexcitation de ces deux systèmes. Cependant il peut en survenir dans deux cas : 1° indirectement, si l'un des quatre premiers appareils, précédemment examinés, a été trop stimulé, s'il y a eu inflammation locale et fièvre consécutive; 2° par une action plus directe, mais dans des cas exceptionnels, ce qu'on appelle la *fièvre thermale* peut apparaître vers la fin de la cure, lorsqu'on a fait usage de bains ou de douches trop excitantes, ou bien encore après des inhalations trop prolongées. Dans ce dernier cas, il semble bien que ce soient les doses accumulées trop hâtivement du principe sulfuré qui produisent l'excitation générale; mais il en est ainsi de plusieurs médicaments qui calment la circulation à doses thérapeutiques et l'excitent à doses trop élevées. Donc la stimulation produite par l'eau d'Enghien se localise dans les quatre premiers systèmes que nous avons étudiés; elle ne dépasse pas généralement le degré physiologique et ne s'étend ni au système nerveux, ni à l'appareil circulatoire. D'ailleurs, comment n'en serait-il pas ainsi? L'eau d'Enghien ne contient que de faibles doses de fer, d'iode et de phosphore, stimulants directs de ces deux systèmes; et, au contraire, elle contient deux puissants sédatifs de l'un et de l'autre : l'acide carbonique et l'acide sulfhydrique.

Ce dernier joue un rôle si grand dans le traitement par l'eau sulfurée calcique d'Enghien que nous devons lui consacrer une mention particulière. C'est à la vertu hyposthénisante de l'acide sulfhydrique que Trousseau et Pidoux attribuent la diminution de l'excitation fluxionnaire du poumon, que l'on voit, dans les catarrhes chroniques et dans la phtisie pulmonaire commençante, succéder à l'usage des eaux sulfurées. Les travaux de Herwig (de Berlin), et ceux du docteur Ferrand (de la Preste), établissent que les sulfures alcalins et terreux, administrés à doses modérées, *ralentissent la circulation et la respiration*. Gerdy à *Uriage*, Lambrou à *Luchon*, arrivent à la même conclusion. Le Dr Armieux affirme aussi, après de nombreuses recherches, que les eaux sulfurées de *Barèges* sont *sédatives* de la circulation.

Enfin, les effets physiologiques des inhalations et des lavements gazeux d'*Enghien* prouvent combien cette eau sulfhydriquée est *sédative de la respiration et de la circulation*.

Dans les effets de l'*inhalation*, il y a deux périodes : la *sédation* et l'*excitation*. La première est caractérisée par une respiration plus calme et par une diminution dans le nombre et la force des pulsations artérielles; elle dure de trente à cinquante minutes, et si elle n'a pas été dépassée, ces effets se prolongent pendant quelques heures après la séance. Ils peuvent même déterminer une tendance marquée au sommeil.

La période d'*excitation* ne s'observe qu'après des séances trop prolongées. Il y a alors fréquence du pouls, céphalalgie, sécheresse et picotements de la gorge.

Après un *lavement gazeux*, le pouls s'abaisse de 10, 15 et 20 pulsations, et ne se relève que quelques heures après sans dépasser la normale. On a pu donner jusqu'à 30 lavements de suite (un par jour) sans constater la période d'excitation. La sédation est donc plus marquée encore qu'après les inhalations, et comme, dans ce mode de traitement, les gaz, isolés de l'eau minérale, démontrent mieux leur action, on peut dire que *c'est bien les gaz acide sulfhydrique et acide carbonique qui sont les agents de la sédation*, et les modérateurs des effets excitants produits sur les autres systèmes.

En résumé : 1° L'*action sédative* de l'eau d'Enghien, spécialement due à l'hydrogène sulfuré, s'exerce sur la circulation et la respiration ;

2° L'*action excitante* se porte tout à la fois sur la peau et les muqueuses, sur les voies digestives et génito-urinaires ;

3° L'*action élective sur les voies respiratoires* participe des deux actions précédentes : *A.* La sédation s'exerce spécialement sur la respiration et la circulation, comme le prouve le ralentissement de ces deux fonctions, après les séances d'inhalation ou l'absorption rectale des gaz dégagés de l'eau d'Enghien ; — *B.* La muqueuse bronchique, et surtout les alvéoles du poumon, du fait même de leur richesse en vaisseaux sanguins et de l'importance des échanges gazeux qui s'y opèrent, seraient beaucoup plus excités que les autres tissus, si précisément le principe actif n'était ici l'hydrogène sulfuré qui est sédatif, au lieu d'un sulfure alcalin plus excitant. Consécutivement, par cette excitation tempérée, l'eau d'Enghien, exerçant une action substitutive sur la muqueuse aérienne et une action résolutive sur les hypérémies et les indurations pneumoniques, décongestionne les organes respiratoires.

4° L'eau d'Enghien a encore une action générale *reconstituante* et *modificatrice*; elle résulte des actions, stimulante et sédative, par lesquelles cette eau minérale se rapproche de certains modérateurs de la nutrition, les *iodiques* et les *arsenicaux*, qui, eux aussi, ralentissent la circulation et la respiration, et sont également *excitateurs* des sécrétions (muqueuse et glandes digestives, peau), mais non de l'excrétion urinaire (bien que les iodures alcalins soient dissolvants de l'acide urique). D'ailleurs l'action de l'eau sulfureuse sur le *sang* est certaine : à dose toxique, l'hydrogène sulfuré, comme l'hydrogène arsénié, détruit les globules et dissout l'hémoglobine; comme lui, à dose thérapeutique, il doit modifier les phénomènes chimiques de la nutrition. Mais il y a cette différence : on sait que l'arsenic s'élimine plus lentement et s'accumule pour plus longtemps dans les glandes, dans le foie surtout, tandis que l'hydrogène sulfuré, soit respiré en petite quantité dans les salles d'inhalation, soit dissous dans l'eau sulfureuse et absorbé par l'estomac, s'élimine rapidement et avec une innocuité parfaite par la voie pulmonaire; il arrive aux poumons après avoir passé par le cœur droit, de sorte que le cœur gauche n'en reçoit qu'une faible quantité qui se répand dans l'organisme. Du fait de la puissance de son élimination pulmonaire, l'hydrogène sulfuré ne présente donc pas les inconvénients des arsenicaux. Cependant on doit admettre qu'à ces doses thérapeutiques, incessamment renouvelées, il exerce une action sur les échanges moléculaires qui s'opèrent dans la profondeur de l'organisme, et que, comme l'arsenic, il diminue les combustions; ce qui explique son action sédative dans les inflammations des voies respiratoires.

Mais l'action modificatrice de l'eau d'Enghien n'est pas seulement physiologique; elle se révèle encore par des effets thérapeutiques, soit immédiats, soit consécutifs à la cure. Dans l'étude des maladies, et spécialement aux dermatoses, nous constaterons une *action* spéciale qu'on a appelée *altérante* et qui n'est pas plus susceptible d'analyse que s'il s'agissait d'un médicament spécifique. Il ne faut pas la confondre avec l'*action altérante des alcalins*, lesquels diminuent le nombre des globules sanguins. Elle est même tout le contraire, puisqu'elle s'accompagne d'une reconstitution des forces, d'un *remontement général*; l'action altérante de l'eau sulfureuse d'Enghien est une *action modificatrice* de ces dispositions morbides que Baumès appelait si bien *un mode vital vicieux*.

Mode d'administration de l'eau d'Enghien. — Nous rappellerons seulement quelques notions indispensables aux praticiens.

Il ne faut pas attribuer à l'eau minérale elle-même certains effets d'excitation dus à la température du bain ou de la douche, à la forte pression de celle-ci. Suivant que le bain aura un degré de thermalité supérieur ou inférieur à 34°, il accroîtra ou diminuera l'effet excitant de l'eau minérale; et de même pour la douche.

Si la douche écossaise est très stimulante, la douche tiède, simple ou suivie d'un jet frais de quelques secondes, est généralement tolérée par les plus faibles.

La douche à jet unique est excitante, et d'autant plus que la puissance de percussion est plus grande et qu'elle atteint les tissus situés plus profondément. Au contraire, quand la douche est composée de jets multiples et très fins, son action est bornée au tégument externe, et l'excitation qu'elle y détermine peut être considérée comme une révulsion cutanée. Si la température de cette douche est tiède et si sa projection est faible, elle peut donner lieu à un effet sédatif comme le bain tiède.

CHAPITRE IV

INDICATIONS GÉNÉRALES. — APPLICATIONS COMMUNES :
SCROFULE, SYPHILIS, CHLOROSE, RHUMATISME

Indications générales. — Rappelons d'abord qu'il existe des *contre-indications* générales; ce sont celles de toutes les eaux : état fébrile continu, cancer, albuminurie chronique, maladies du cerveau et maladies organiques du cœur et de l'aorte. (Pour le cœur, pendant les périodes de compensation, des inhalations courtes, des douches tièdes et courtes sont souvent utiles contre la diathèse rhumatismale ou contre des affections concomitantes.)

Les eaux d'Enghien, comme les autres sulfurées, sont indiquées : 1° dans la *scrofule avec complications ou manifestations spéciales*, à savoir : *avec rhumatisme, tendance ulcérative, dermatoses, catarrhes des voies aériennes*; — 2° dans la *diathèse rhumatismale*; — 3° dans les *dermatoses* dépendant de l'herpétisme, de la scrofule, de la syphilis et du rhumatisme; — 4° dans les *maladies chroniques des voies respiratoires* et dans la *tuberculose pulmonaire chronique.*

On a dit que l'eau d'Enghien était moins puissante dans l'arthritis et l'herpétisme que les eaux sulfurées sodiques qui sont chaudes. Nous avons démontré que l'eau froide d'Enghien, une des moins altérables, restait encore, après son mélange avec un tiers et même avec une moitié d'eau commune chaude, plus sulfurée que les eaux pyrénéennes; elle l'emporte certainement sur les sulfurées sodiques, non seulement par l'abondance de son principe dominant, mais par la richesse relative et la variété de sa minéralisation totale. D'ailleurs, ses effets physiologiques et les *crises* salutaires qu'elle provoque, et que nous relaterons bientôt, prouvent son action puissante sur les trois grands appareils éliminatoires, digestif, urinaire et cutané.

D'autre part, beaucoup de médecins pensent que, dans la diathèse herpétique, les eaux arsenicales sont plus efficaces que les sulfurées, bien que la seule eau arsenicale forte, *La Bourboule*, soit en même temps chlorurée et réclame surtout l'herpétisme scrofuleux (Rotureau, J. Simon, Durand-Fardel). A propos des dermatoses, nous aurons à comparer les eaux arsenicales avec les sulfurées et les sulfatées calciques (Enghien, Saint-Gervais, Loèche). Ici, c'est surtout par des faits tirés de la pratique thermale que nous voulons répondre aux objections précédentes.

De Puisaye, dans une statistique de 354 cas, compte : 1° 30 rhumatismes chroniques, dont 16 guérisons et 8 améliorations; 2° 57 dermatoses, dont 47 améliorations ou guérisons, à savoir : eczéma humide, 15 cas (8 améliorations, 4 guérisons); eczéma sec, 14 cas (9 améliorations, 3 guérisons); 28 autres dermatoses (12 améliorations, 10 guérisons). Mais sur ces nombres, quelle est la part respective du lymphatisme, de l'arthritis et de l'herpétisme? Sans se préoccuper d'objections qui ne se sont produites que plus tard et qu'en tous cas il semble ignorer complètement, de Puisaye a tiré, de cette statistique de trois années, 100 observations qu'il a relatées tout au long dans son livre, avec beaucoup de détails sur l'état diathésique, la constitution, les antécédents personnels ou héréditaires. J'y ai trouvé 5 cas de syphilis, et 24 avec la désignation de constitution bonne ou excellente, sans état diathésique connu; restent 71 cas, dont 20 sont attribués au lymphatisme, 16 au rhumatisme héréditaire ou bien confirmé; 35 se rapportent à l'herpétisme indépendant des autres diathèses et comprennent des dermatoses ou d'autres affections très diverses, mais présentant toutes un élément herpétique. Or ces 35 cures, chez des malades certainement herpétiques, ont toutes été suivies de guérison ou d'amélioration.

Ma pratique personnelle m'a confirmé les résultats précédents. Depuis vingt ans, j'ai relevé le diagnostic, la diathèse et les effets de la médication sulfureuse dans 650 cas qui m'ont paru les plus remarquables; sur ce nombre, il y a 100 lymphatiques ou scrofuleux, 150 cas présentant du rhumatisme ou autres manifestations de l'arthritis, 100 cas d'herpétisme indépendant, 150 diathèses mixtes, 150 sans état diathésique connu. Or j'ai presque toujours constaté qu'à égalité d'envahissement morbide, c'est-à-dire pour les mêmes formes, la même étendue ou la même durée des lésions, les arthritiques et les herpétiques retiraient autant de profit de nos eaux que les lymphatiques eux-mêmes. Dans les maladies chroniques, autres que le rhumatisme et les dermatoses, l'action favorable de l'eau d'Enghien était toujours en raison directe des éléments morbides se rattachant soit à un arthritis, soit à un herpétisme antérieur; ces éléments morbides sont antagonistes des affections plus graves et plus profondes, en lesquelles ils ont dégénéré par une lente et insensible métastase. L'eau d'Enghien les réveille souvent et leur réapparition, quoique momentanée, est un signe d'amélioration certaine. Quand on peut en saisir quelque indice dans les antécédents héréditaires ou personnels, on dirige la cure avec plus de sûreté; et, même dans les cas assez fréquents où l'élément morbide primaire n'a pu être ravivé, il est rare que cette indication soit trompeuse. Ce sont là des preuves assez probantes de l'action de l'eau d'Enghien dans les diathèses herpétique et rhumatismale. Par la suite, nous aurons à revenir sur cette question capitale de la médication sulfureuse.

Mais si importantes que soient les considérations tirées de l'état diathésique, pour bien préciser les indications, il faut encore tenir compte de l'état des lésions, de la période de la maladie, du tempérament ou de la constitution du sujet; c'est ce que nous allons faire pour chaque maladie, en étudiant les applications de l'eau d'Enghien.

THÉRAPEUTIQUE

L'eau d'Enghien a : 1° des *applications*, qui lui sont *communes* avec d'autres eaux minérales non sulfurées, dans la *scrofule*, la *syphilis*, la *chlorose* et le *rhumatisme*;

2° Des *applications spéciales*, dans les *dermatoses*, les *maladies des voies respiratoires*, la *tuberculose pulmonaire chronique*;

3° Des *applications secondaires*, d'autant plus intéressantes qu'elles ont lieu dans des maladies qui reconnaissent souvent la même origine diathésique que les dermatoses et les catarrhes respiratoires.

Scrofule. — Les eaux chlorurées sodiques et les bains de mer constituent la médication spéciale des manifestations ganglionnaires et osseuses de la scrofule.

Les *eaux sulfurées* sont la *médication spéciale des manifestations cutanées et catarrhales du lymphatisme et de la scrofule*, les moins essentielles mais les plus communes (impétigo, eczéma, etc.; catarrhes respiratoires, utérins, etc.).

Ces principes posés, il faut encore étudier la question à d'autres points de vue, si importants qu'ils peuvent changer toute la direction relative à l'emploi des eaux chlorurées ou sulfurées. Ainsi :

1° « Après les périodes aiguës des altérations profondes (tissus cellulaires, osseux et articulaires), quand commence la période d'état, mais que les phénomènes inflammatoires peuvent encore se réveiller, c'est près des eaux sulfurées calciques comme Enghien, qu'on trouvera les tolérances les mieux assurées. » (Durand-Fardel.)

2° Les scrofuleux ne présentent pas un type toujours uniforme et auquel une médication identique puisse toujours convenir. Les uns ont de l'embonpoint et par conséquent une nutrition lente; les autres sont plutôt maigres, c'est-à-dire que la combustion nutritive est d'une activité anormale. De là deux formes : la *scrofule torpide* et la *scrofule irritative*. Le Dr Wiesbaden, qui a observé beaucoup de scrofuleux à Creusnach, reconnaît également la forme *atonique* (torpide) et la forme *sensible* ou *éréthique*. La forme irritative, qui nous importe le plus au point de vue de la médication d'Enghien, présente les caractères suivants : la peau est blanche, et si fine qu'elle laisse apercevoir les veines par transparence; les joues et les lèvres sont d'un rouge vif; les sclérotiques translucides ont une teinte bleue; les muscles sont grêles et flasques; le poids du corps est petit eu égard au volume, ce qui tient à la faible pesanteur des os; les dents bleuâtres, les cheveux mous et généralement blonds ou roux.

Dans le premier type, les sujets de constitution phlegmatique supportent admirablement les eaux chlorurées fortes.

Dans le second, si fréquent aujourd'hui, surtout dans les villes, les malades d'une constitution délicate et sensible présentent un caractère général d'excitabilité nerveuse ou de disposition inflammatoire; les affections catarrhales et cutanées y sont très fréquentes. Dans cette *scrofule irritative*, les eaux chlorurées fortes, en vertu de leur trop grande activité, se trouvent contre-indiquées; les eaux sulfurées, au contraire, retrouvent ici une indication formelle. Enghien sera alors préféré, non seulement aux chlorurées fortes, mais même, dans la plupart des cas, aux chlorurées sodiques faibles, moins actives et plus excitantes.

Mais on n'a pas seulement à combattre la scrofule pendant la période d'activité et de développement. Il y a une période consécutive où persistent les lésions qui lui ont appartenu. Alors, quand la scrofule a laissé, comme traces de ses manifestations actives, les catarrhes respiratoires, génitaux, oculaires, des dermatoses, des engorgements persistants, quand enfin des tuberculisations viscérales sont à craindre, c'est alors que s'impose l'indication des sulfurées. Les médecins, qui ont l'expérience de ces eaux, sont d'accord sur ce point, qu'il faut appliquer les traitements à doses élevées et sous les formes les plus actives. Les lymphatiques et les scrofuleux les supportent ainsi avec la plus grande facilité. Or, par sa puissante sulfuration, sa faible altérabilité, son action reconstituante, Enghien se place au premier rang avec Barèges, Luchon et Uriage.

L'auteur du *Traité des eaux minérales* confirme ce que nous avons dit de la *spécialisation des sulfurées* dans le traitement des dermatoses et catarrhes scrofuleux : « Il est des cas, dit-il, où certaines manifestations diathésiques dominent à tel point qu'elles viennent commander les indications; on peut dire qu'elles constituent une *indication d'urgence*. Il en est ainsi pour les formes cutanées et catarrhales de la scrofule. Alors les eaux sulfureuses seront employées d'abord; ce sont Bonnes, Cauterets, Enghien, Luchon, Barèges, etc. [1]. »

---

1. Durand-Fardel, p. 402.

Pour Enghien, on objecte que le séjour aux Pyrénées est préférable au séjour dans une campagne salubre sans doute, mais peu élevée au-dessus du niveau de la mer. Certes, le climat tonique des montagnes est favorable aux scrofuleux, mais il y faut une condition qu'on ne réalise presque jamais et qui est aussi indispensable que dans le traitement marin. Le Dr Cazin, à Berck-sur-Mer, a démontré que l'action de l'air marin est bien supérieure à celle des bains de mer, et que cependant il faut, pour éprouver cette action salutaire, recourir à un séjour continu et non se contenter de quelques semaines. De même, l'influence du séjour des altitudes ne peut avoir des effets quelque peu durables que si elle s'exerce pendant plusieurs mois. Dès lors cette cure prolongée devient difficile sur les Pyrénées. Aux *altitudes moyennes* (entre 400 et 1 200 mètres), les diverses conditions météorologiques présentent des écarts considérables dans la même journée, et surtout d'un mois à l'autre. Par exemple, et pour ne considérer que la pleine saison estivale, dans ces vallées les journées sont très chaudes, les matinées et les soirées froides et humides, les orages plus fréquents que dans la plaine ou dans la haute région montagneuse. Suivant le Dr Lombard (de Genève), les maladies les plus communes sur ces altitudes sont la bronchite, la pleuro-pneumonie, la phtisie pulmonaire, les scrofules, le rhumatisme sous toutes ses formes, les hémorrhagies, les troubles de la menstruation, l'excitation nerveuse et la perte du sommeil. Les scrofuleux *irritables* ou sensibles, ceux qui sont atteints de catarrhes divers, et qu'on dirige vers les stations sulfureuses, ne se trouveraient guère mieux d'un séjour prolongé sur les altitudes moyennes que du séjour aux bords de la mer.

A Enghien, la position géographique centrale, la température plus égale et plus douce, les facilités d'installation permettent le plus long séjour, comme en témoignent les Parisiens qui y résident toute l'année pour la santé de leurs enfants. En y faisant deux cures thermales, espacées de quelques semaines, on peut y tenir les malades, pendant plusieurs mois d'été, tout à la fois sous l'influence du traitement sulfureux et de l'air salubre de nos collines, où la scrofule acquise ne s'observe jamais.

Syphilis. — Les indications des eaux d'Enghien dans la syphilis doivent se déduire des circonstances suivantes :

A. *La maladie résiste aux agents spécifiques.* — Les symptômes syphilitiques se multiplient et surtout se fixent obstinément et une véritable cachexie finit par se développer. Il est hors de doute que la combinaison des eaux sulfureuses avec les préparations mercurielles ou iodurées fait cesser cette inertie de la médication (Pégot à Luchon; Dassier; de Puisaye à Enghien).

B. *Cachexie syphilitique.* — Reconstituantes, les eaux d'Enghien rendent une activité nouvelle aux grandes fonctions de l'économie, et viennent enrayer la marche fatale imposée à l'organisme. De Puisaye a publié quelques exemples remarquables de la puissance de ces eaux appropriées en pareille circonstance.

C. *Intolérance de la médication spécifique.* — Les malades obligés de suspendre au bout de peu de jours le traitement spécifique, par suite de salivation, et qui parfois viennent à Enghien avec de la stomatite mercurielle, doivent d'abord suivre la médication sulfureuse. Leur salivation tarit bientôt; puis, une ou deux semaines après, ils peuvent reprendre et tolérer le mercure, tout en continuant les bains. J'ai des preuves irrécusables de l'activité que nos eaux impriment à l'élimination du mercure; ce sont les guérisons d'ouvriers atteints d'intoxication mercurielle et professionnelle : une ouvrière, entre autres, cachectique et pouvant à peine se traîner avec l'aide d'une autre personne, après un traitement de 20 bains et d'eau en boisson, retrouva rapidement ses forces; le tremblement, l'incertitude de la marche, les vertiges cessèrent, et en quittant Enghien, elle marchait bien sans aucune aide.

D. *Combinaison de la syphilis avec quelque diathèse concomitante herpétique, rhumatismale ou scrofuleuse.* — Dans le cas de *scrofulate de vérole*, comme disait Ricord, les eaux d'Enghien rendent les plus grands services, en donnant au scrofuleux cette espèce de tempérament sanguin factice qui lui permettra d'utiliser la médication soit mercurielle, soit iodurée. Par leur action sur les douleurs rhumatismales ou les dermatoses, elles dégagent la syphilis des éléments qui la masquaient et en retardaient le traitement.

E. *Syphilis latente ou mal caractérisée.* — Les eaux sulfurées ont la propriété de rappeler les manifestations d'une syphilis latente, et on fait bien de les utiliser sous ce rapport, mais la réalité de la guérison de cette maladie ne peut pas être absolument garantie par l'épreuve des eaux minérales.

Enfin, il y a des cas douteux de syphilis tertiaire ancienne, qui se distinguent difficilement d'une maladie des centres nerveux ou d'une affection rhumatismale. La médication sulfureuse, venant alors corroborer la médication iodurée, assurera le diagnostic et la guérison. Dans les observations 13, 14 et 15 de Puisaye, l'action de l'eau d'Enghien est d'autant plus évidente que les malades, déchus jusqu'à l'état cachectique, retrouvent après la cure thermale une santé parfaite.

Chlorose. — La chlorose est une maladie globulaire, caractérisée par la diminution de l'hémoglobine, le seul agent fixateur de l'oxygène dans le sang et le seul principe qui contienne du fer. La diminution notable de l'hémoglobine a pour effets : l'*insuffisance de l'hématose* pulmonaire et interstitielle, la *perturbation fonctionnelle* de tous les organes, et notamment les troubles des fonctions digestive, cutanée et menstruelle, les *désordres* du système nerveux.

Tout d'abord on donne le fer, remède spécifique; mais l'expérience nous démontre que c'est là, le plus souvent, une médication sans énergie, si l'on néglige d'autres indications ; combien de jeunes filles ont pris inutilement du fer pendant des mois, des années même, qui guérissent par l'hydrothérapie! La chlorose étant une maladie de la nutrition, l'indication la plus générale serait de solliciter l'organisme à mieux s'assimiler le fer et les aliments; on y arrive en remplissant les indications suivantes : 1º puisqu'il y a insuffisance de l'hématose, faire pénétrer dans les poumons un oxygène plus pur; 2º faire fonctionner la peau et activer les échanges capillaires ; 3º combattre la dyspepsie généralement atonique, avec ou sans gastralgie ; 4º instituer une médication générale reconstituante (fer associé à d'autres médicaments).

A tous ces points de vue, Enghien est une bonne station :

1º Par sa position, au-dessus des alluvions de la Seine, à l'entrée d'un large plateau, dans le voisinage de plusieurs grandes forêts, l'air y est très pur et très oxygéné. Les malades trop faibles peuvent rester au lit, les fenêtres ouvertes, grâce aux collines qui nous abritent du nord-est et du nord; aux autres, nous prescrivons des promenades sans fatigue dans les bois, soit à pied, soit en voiture.

2º Nous avons, pour réveiller l'activité de la peau, un traitement supérieur à l'hydrothérapie simple, c'est l'*hydrothérapie sulfureuse* (douches tièdes en pluie; puis la douche tiède suivie d'une douche froide beaucoup plus courte, mais non l'écossaise qui est trop excitante). Dans d'autres cas, des bains sulfureux mitigés tièdes ou frais peuvent réveiller plus profondément l'activité cutanée.

3° L'eau sulfureuse en boisson, à *petites doses graduées*, stimule l'appétit et les fonctions digestives, car l'atonie domine presque toujours et persiste seule, quand on a calmé la gastralgie par l'opium, la belladone ou la cocaïne. Avec les *douches ascendantes*, nous combattons la constipation habituelle.

4° Enfin, une eau minérale qui serait reconstituante, sans provoquer de surexcitation générale, remplirait une indication très importante, à ce point que Trousseau et Pidoux admettaient, comme action fondamentale des ferrugineux dans la chlorose, une stimulation puissante exercée sur les grandes fonctions. Or l'eau d'Enghien répond admirablement à cette indication : elle n'excite pas le système nerveux ; comme toutes les sulfurées, elle réintègre plus puissamment l'hématose, et surtout plus profondément que les ferrugineux ; elle stimule les fonctions digestive, cutanée et menstruelle, toutes plus ou moins troublées dans la chlorose. L'eau d'Enghien a donc certainement une action modificatrice de la nutrition et par là reconstituante.

En résumé : air très oxygéné, repos, hydrothérapie sulfureuse, eau sulfureuse en boisson et en bains ; à tout cela, joignons un régime très varié, non excitant, l'usage très modéré des viandes et du vin, celui-ci largement coupé d'une eau ferrugineuse un peu laxative, comme Renlaigue, Châtelguyon, Brucourt, etc.

Rhumatisme. — « Le rhumatisme chronique sous toutes ses formes, dans toutes ses localisations, à l'exception de celles qui se font vers les séreuses du cœur, les arthropathies rebelles qui peuvent en être la conséquence aussi bien que de la scrofule, fournissent aux eaux d'Enghien une source d'applications heureuses. » (Desnos, *Nouveau Dict. de médecine et de chirurgie pratiques.*)

Les eaux d'Enghien sont indiquées :

1° Chez les *rhumatisants lymphatiques* et chez les

épuisés, d'autant mieux que bon nombre d'entre eux ne supportent pas facilement l'excitation des chlorurées fortes et des sulfurées sodiques;

2° Chez les *rhumatisants herpétiques,* ceux dont les douleurs coïncident ou alternent avec des manifestations des téguments interne ou externe;

3° Chez les *rhumatisants sans autre diathèse.* Dans ce cas, on pourrait croire que les sulfurées sodiques sont plus actives, non parce qu'elles sont à peine plus alcalines, mais parce qu'elles sont chaudes. Nous rappellerons ici ce que nous avons expliqué au *Mode d'emploi*, et comment une eau froide fortement sulfurée, atténuée et non altérée par une eau chaude à 80°, conserve encore plus de principe sulfureux et d'activité qu'une eau hyperthermale, sulfureuse faible et déjà fortement altérée au moment de son emploi balnéaire. Mais nous répondrons surtout par des faits.

Depuis qu'on a reconstruit l'établissement d'Enghien et adopté des modes de chauffage plus rationnels, c'est-à-dire depuis plus de trente ans, de Puisaye, le Dr Japhet, d'autres médecins et moi-même, nous avons soigné environ 2000 de ces rhumatisants qui ont conservé une bonne constitution. Les uns, atteints de douleurs chroniques simples, après une cure ou deux, obtiennent généralement une guérison complète, sinon définitive. Les autres, plus éprouvés après une ou plusieurs attaques de rhumatisme articulaire aigu, se trouvant bien d'une première cure, font une cure annuelle pendant plusieurs saisons de suite, puis tous les deux ou trois ans, et sont préservés de nouvelles attaques aiguës. Ils peuvent cependant ressentir encore quelques douleurs légères, à certaines époques de l'année ou après un excès de table, avertissement salutaire que la diathèse les guette.

Voici, entre autres, un cas d'arthritis rhumatismal plein d'enseignements, que j'observe depuis vingt-trois ans : M. X..., d'une bonne constitution, sans autres maladies antérieures qu'un intertrigo fugace, un herpès à longs intervalles, une sueur locale, vint à Enghien, à l'âge de trente-deux ans, pour une pharyngite granuleuse dont il guérit; — de trente-trois à quarante ans, à trois reprises, une broncho-laryngite, sans fièvre ni altération de la santé générale, mais très tenace; à chaque atteinte, guérison complète par l'eau de Puisaye, en boisson seulement; — à quarante ans, attaque de rhumatisme articulaire aigu, après deux ans de douleurs légères, très intermittentes; à la suite, deux cures complètes à Enghien (boisson, bains et douches) en quatre ans. — Depuis, plus d'attaques de grand rhumatisme ni de douleurs chroniques, mais à quarante-deux ans, pendant la deuxième cure balnéaire, apparaît au milieu de la cuisse droite un psoriasis nummulaire, très squameux, puis humide, à marche très chronique, type du *psoriasis arthritique*, tel que le décrit *Bazin*. Le grand-père paternel de M. X... avait été atteint de la même maladie de peau circonscrite, et persistante jusqu'à sa mort, arrivée à soixante-quinze ans. A partir de ce psoriasis, suppression de la sueur locale sous les bras, plus de broncho-laryngites ni de douleurs rhumatismales légères, bien que M. X... s'expose toujours aux mêmes intempéries et suive le même régime régulièrement substantiel, mais sans excès; — de quarante-huit à cinquante et un ans, pour se débarrasser de son psoriasis, M. X... fait d'abord deux cures complètes, puis, pendant deux autres années, une demi-cure (dix bains et eaux du Roi en boisson), au commencement et à la fin de chaque saison. Après une durée de dix ans, le *psoriasis nummulaire* disparaît lentement; depuis trois ans, il laisse, comme trace de son passage, une tache sèche, blanche ou rosée, sans squames ni sécrétion, et, malgré sa disparition, la santé reste parfaite. Cette observation prouve la persistance de l'arthritis sous ses formes diverses, et l'action *altérante* de l'eau d'Enghien appliquée avec persévérance. Quant à croire qu'il y ait des eaux plus puissantes qui dispenseraient les malades de cures aussi souvent répétées (cinq en quinze ans dans l'exemple précédent), après avoir vu de très nombreuses récidives chez des malades qui avaient été guéris antérieurement par d'autres eaux minérales, soit arsenicales, soit sulfurées, je pense que cette médication merveilleuse n'existe pas, et que, contre des maladies héréditaires et une forme aussi rebelle que le psoriasis il n'y a de puissant qu'un traitement thermal assez souvent réitéré.

L'eau d'Enghien est encore d'un excellent emploi : dans les engorgements, les raideurs que laisse après lui le rhumatisme articulaire aigu, — dans les paralysies rhumatismales et dans les paralysies infantiles où la guérison est la règle.

Elle est *contre-indiquée* dans la goutte susceptible d'accès aigus.

Elle est utile, au contraire, dans la *goutte chronique*, mais après un traitement alcalin. Sédative dans une certaine mesure, elle ne pousse pas à la goutte aiguë.

Elle est plus indiquée encore dans la *goutte chronique asthénique* qu'on observe chez des individus lymphatiques, naturellement faibles ou affaiblis par les excès ou l'usage de médicaments intempestifs. Ici les alcalins sont contre-indiqués; l'eau d'Enghien, stimulante des grandes fonctions, relève la nutrition et prévient les complications ultimes de la cachexie goutteuse. « Les eaux sulfurées, disait Pidoux, sont régénératrices de la goutte, parce qu'elles refont aux épuisés une sorte de tempérament sanguin factice, et que le tempérament sanguin est le terrain propre de la goutte. Ces propriétés peuvent être utilisées par le médecin chez les sujets lymphatiques et partant goutteux par hérédité, lesquels sont en proie à des accidents pulmonaires, gastriques, graves et rebelles, tant que, sous l'influence d'une revivification de l'arthritis par les eaux sulfurées, ils n'ont pas fait dominer l'un des éléments de leur maladie sur l'autre [1]. »

1. *Annales de la Soc. d'hydrologie méd. de Paris*, t. VII, p. 207.

CHAPITRE V

APPLICATIONS SPÉCIALES : DERMATOSES. — MALADIES DES VOIES RESPIRATOIRES. — APPLICATIONS SECONDAIRES

DERMATOSES

> *Les eaux sulfureuses sont toujours les maîtresses-eaux dans la cure des dermatoses.*
> (PIDOUX.)

Comme toutes les sulfurées, l'eau d'Enghien a : 1° une *action générale, modificatrice* de la disposition morbide et qu'il est convenu d'appeler *altérante*; 2° une action directe sur la peau, excitante et *substitutive*. Nous insisterons d'abord sur cette dernière, puis nous donnerons les preuves de l'action altérante, en parlant des effets physiologiques et thérapeutiques et des phénomènes critiques.

Le traitement des dermatoses consiste principalement dans l'usage des bains. Ici, l'on a affaire à une médication excitante, *substitutive*, et cette excitation se traduit souvent par le retour de la maladie à l'état aigu. C'est là, suivant de Puisaye, la condition de la guérison. « *La guérison*, dit Bouland, *dépend moins de l'intensité de l'excitation que de sa continuité* [1]. »

1. *Études sur les propriétés des eaux d'Enghien*, 1850.

Nous pensons avec Astrié que cette observation est juste, mais qu'elle doit plus encore s'appliquer au traitement général, considéré comme *altérant*, qu'à l'excitation thermale localisée à la peau. Ceci répond à l'importance que nous allons bientôt donner à l'usage interne de l'eau d'Enghien.

« Parmi les eaux sulfurées calciques, dit Durand-Fardel, les eaux d'Enghien, d'Allevard, de Gréoulx (en Provence) sont douées d'une activité moyenne et peuvent s'appliquer à la majorité des cas. » L'eau d'Enghien ne le cède pas en activité thérapeutique aux sulfurées sodiques, plus excitantes, mais *son activité est tempérée*, parce que son principe dominant, l'hydrogène sulfuré, jouit de la propriété de tempérer ses propres effets. Et ce dernier point est très important, car il y a des indications relatives à l'état *irritatif* ou *torpide* des dermatoses qui doivent souvent l'emporter sur les considérations relatives à l'état diathésique ou constitutionnel.

Les dermatoses humides sont irritables, les dermatoses sèches ne le sont pas, hormis toutefois les dermatoses prurigineuses ou congestives. Les dermatoses irritables, et surtout les eczémateuses, tolèrent mal les eaux les plus excitantes, comme *Barèges* et *Schinznach*.

Luchon, Ax et **Cauterets** trouvent des ressources précieuses dans certaines de leurs sources qui sont relativement sédatives, tantôt parce que leur sulfure se décompose en hydrogène sulfuré, tantôt parce que leurs eaux devenues *laiteuses*, dépouillées en grande partie de leur principe sulfureux, conservent d'autres éléments salins et une matière organique glaireuse. Or, à **Enghien**, le principe sulfureux est précisément l'hydrogène sulfuré ; de plus, cette eau contient une glairine plus abondante que les eaux pyrénéennes (à Barèges, 0 gr. 030 ; à Cauterets, 0 gr. 045 ; à Enghien, 0 gr. 158) ; puis, des silicates, sulfates et carbonates de chaux et de magnésie, et avec ces sels on doit s'attendre à des actions sédatives. Cette eau présente donc cette particularité assez rare, d'avoir un principe sulfuré abondant, gazeux c'est-à-dire facilement absorbable par la peau, doué de propriétés substitutives incontestées, dont les propriétés générales sédatives sont encore accrues par l'action locale de la glairine et des sels calciques. (Après les bains d'Enghien, la peau est douce et satinée comme après une cure à Plombières.) Je donnerai trois preuves de cette *activité tempérée* : 1° les phénomènes de *poussée* sont assez rares et assez bénins ; 2° dans beaucoup de cas, comme Gerdy à *Uriage* et Wetzlar à *Aix-la-Chapelle*, j'ai pu constater l'amélioration sans retour à l'état aigu des affections eczémateuses; 3° enfin, de Puisaye a pu ériger en principe « que les eaux d'Enghien sont employées avec d'autant plus d'avantage, dans les affections herpétiques, qu'elles sont administrées *aussitôt après la période aiguë* ».

On traite le plus communément à Enghien des eczémas secs et humides, diverses espèces d'acné, le prurigo, le lichen et le pityriasis. Pas plus qu'à *La Bourboule*, on n'y guérit complètement le psoriasis; pour cette dartre, sulfureuse ou arsénicale, la médication est palliative.

Nous rappellerons d'abord les résultats favorables obtenus par de Puisaye dans les diathèses rhumatismale et herpétique (*Indications générales*). J'ai moi-même recueilli des notes sur les antécédents, l'état diathésique et les effets de la médication d'Enghien, dans 200 dermatoses. Ces résultats sont consignés dans le tableau suivant :

	Nombre des dermatoses.	Améliorations.	Guérisons.
Chez des lymphatiques....	38	10	20
— arthritiques.....	45	22	15
— herpétiques......	55	27	17
Dans des diathèses mixtes.	62	31	20
Total.........	200	90	72

Il est à remarquer que plus de la moitié de ces malades n'ont fait qu'une saison à Enghien, et que la guérison définitive résulte le plus souvent d'améliorations successives.

Il faut donc conclure de la pratique thermale de de Puisaye et de la mienne que les eaux d'Enghien conviennent dans les dermatoses des trois diathèses. D'ailleurs, les eaux minérales elles-mêmes, quoique plus actives que les autres médicaments, ne sont pas de véritables spécifiques des maladies de peau; et c'est par des considérations plutôt spéculatives que pratiques que Bazin a pu attribuer, avec un caractère beaucoup trop formel de spécificité, les eaux alcalines aux arthritides et les arsenicales aux herpétides. Les bicarbonatées sodiques paraissent peu applicables au traitement des dermatoses arthritiques, qui sont essentiellement inflammatoires et irritatives; elles doivent être réservées à la diathèse elle-même. Quant aux eaux arsenicales, *La Bourboule* n'a pas de supériorité, au point de vue diathésique, sur les eaux sulfurées, mais l'appropriation des sulfurées sodiques à l'eczéma se trouve restreinte par leur action excitante sur une affection irritable. La même objection ne saurait être faite à *Enghien*, dont l'excitation est tempérée. D'autre part, *Saint-Gervais*, qui tient une place capitale dans le traitement de l'eczéma non scrofuleux et des dermatoses humides, ne contient ni arsenic ni bicarbonate de soude. C'est une eau chlorurée sulfatée calcique, légèrement sulfureuse, laxative et digestive. *Loèche*, sulfatée calcique à composition insignifiante, accidentellement sulfureuse grâce à la durée du bain, jouit d'une renommée analogue dans la cure des dermatoses humides.

Traitement; ses effets substitutifs; sa durée. — Le traitement consiste : 1° en boisson, 3 à 6 verres par jour aux sources les moins sulfureuses (*Deyeux* et *Cotte*); 2° en bains mitigés de 30 à 45 minutes, d'une température peu élevée (30° à 33°); bains d'eau pure, plus excitants, pour les dartres sèches et indolentes ; 3° douches fines en arrosoir, à faible pression, sur les parties malades, et après avoir tâté l'irritabilité de la peau, c'est-à-dire après une première série de bains (*action détersive*).

Il est utile de comparer ici l'action locale des *sulfurées sodiques* et des *sulfurées calciques*. Les dermatoses vieilles et torpides réclament un certain rappel de l'acuité ; mais pour l'eczéma en activité, la grande étendue des surfaces sur lesquelles on opère, et la difficulté de maîtriser l'action du traitement rendent très délicate la recherche de l'action substitutive.

Il en est d'autant plus ainsi, près des eaux sulfurées sodiques, que le retour à l'acuité, résultat et témoignage de l'action substitutive, ne survient souvent qu'à une époque avancée du traitement, de sorte que l'on est privé du moyen de diriger, ou de tempérer, au besoin, une action qui s'est exercée d'une façon latente, pour ne se manifester que tardivement.

Près des sulfurées calciques au contraire, le retour de la dermatose à l'état aigu survient, quand il se produit, de bonne heure, et trouve son remède dans la continuation du traitement lui-même, tandis qu'une pareille apparition exige la suspension des eaux sulfurées sodiques.

Durée du traitement. — Si les malades qui prennent des inhalations arrivent à saturation du vingtième au trentième jour, pour les dermatoses, il est nécessaire de prolonger le traitement pendant cinq ou six semaines. C'était la pratique de Puisaye, et de plus en plus je la reconnais excellente ; ce n'est pas en vingt et un jours qu'on peut combattre efficacement des maladies aussi rebelles. Cependant il y a quelques précautions à prendre dont je parlerai plus loin ; et puis, une courte interruption est possible après trois semaines environ, c'est-à-dire après le retour à l'acuité et la sédation consécutive.

Effets physiologiques et thérapeutiques ; crises favorables ; action dite altérante. — Des crises favorables surviennent dans le cours du traitement, qui ne nécessitent généralement aucune intervention : 1° ce sont de simples prurits, des érythèmes ou autres éruptions, plus rarement la *poussée*; 2° sans parler de l'embarras gastrique, pour lequel un purgatif léger et un jour ou deux de repos suffisent, on peut observer une forte diarrhée séreuse, comme une sueur intestinale, ou une sueur très abondante pendant dix à quinze heures, ou encore, une diurèse tout à fait anormale, tous phénomènes critiques, parfois précédés d'une courte fièvre, et après lesquels on constate une véritable amélioration ; 3° dans d'autres cas, des arthritiques ressentent de légères douleurs articulaires ou musculaires, des retours de névralgies, de coliques hépatiques ou rénales ; des menstrues supprimées ou irrégulières reparaissent ; d'anciens hémorrhoïdaires éprouvent une congestion hémorrhoïdale ou même un véritable flux. Quand bien même aucun de ces phénomènes ne se produit d'une façon marquée, les éruptions s'avivent un peu, les squames tombent ou la sécrétion augmente pour sécher ensuite ; la peau est constamment le siège d'une moiteur douce et agréable, les urines sont plus abondantes que d'habitude.

Le cadre de cette étude ne nous permet pas de donner les nombreuses observations où j'ai relaté ces crises favorables, mais on en trouvera d'excellents exemples dans l'ouvrage de de Puisaye, notamment dans les observations 35 à 40.

De Puisaye donnait l'eau en boisson largement de quatre à six verres par jour, quoiqu'il ait écrit (ainsi que Gerdy) que le traitement interne n'était pas nécessaire dans les dermatoses. Je crois au contraire qu'il est indispensable, si l'on veut obtenir cette action *altérante* ou modificatrice d'un *mode vital vicieux*, qui seule peut rendre définitifs les résultats de l'action locale ou substitutive. J'ai eu l'occasion de traiter quelques malades par l'usage exclusif de l'eau en boisson et j'ai obtenu des résultats très évidents encore, quoique inférieurs à ceux que donne un traitement complet. C'est là une excellente preuve que l'eau d'Enghien possède, outre l'action substitutive, une action générale modificatrice.

De plus, il y a des cas où cette action *altérante* apparaît avec une puissance des plus remarquables. Beaucoup de malades, antérieurement atteints de dermatoses, suivent la cure thermale pour une autre affection. Alors que la peau n'est plus le siège d'aucun herpétisme, même depuis longtemps, ils présentent pendant la cure une poussée inattendue, soit prurit intense, soit éruption vésiculeuse ou papuleuse analogue à leur ancienne dermatose. Quelques bains simples amidonnés dissipent ces phénomènes de retour; mais, après cette dérivation thérapeutique, on peut constater la guérison ou une amélioration évidente, suivant la nature de l'affection principale : rhumatisme, catarrhe, phtisie, chlorose, etc. (Voir de Puisaye, obs. 46 à 48, 50, 56, 58, 62, 68, 73.)

Est-ce à dire que l'eau d'Enghien peut remplir toutes les indications dans ces dermatoses relevant de diathèses si diverses? Nous ne le pensons pas; ainsi, pour les *arthritides* que Bazin, par un effort incomparable d'observation, a su distinguer des *dartres ou herpétides*, un traitement préparatoire doit assez souvent précéder la médication sulfureuse, pour en assurer la tolérance et le succès. Il en sera ainsi pour les arthritides suivantes où l'eau d'Enghien est très bien indiquée : intertrigo, couperose; pityriasis et psoriasis; prurigo, lichen et acné; eczéma, ecthyma.

Les arthritiques présentent souvent de la dyspepsie acide, des urines chargées d'acide urique ou d'urates. Certes, les bains sulfureux stimuleront énergiquement les fonctions de la peau, lesquelles sont en relation intime avec celles du tube digestif et des reins; la dérivation cutanée soulagera d'autant ces deux organes. Mais quand ces symptômes d'acidité ne seront pas simplement accidentels, mais fréquents sous l'influence de causes quelconques, et surtout essentiels, sous l'influence d'un véritable état diathésique, il faudra d'abord les combattre par un traitement alcalin (eaux bicarbonatées sodiques) et un régime approprié. Si même la dermatose constitue à elle seule toute la manifestation arthritique, mais qu'il n'y ait pas de doute sur la diathèse et le tempérament sanguin du malade, je pense qu'un traitement préalable à l'emploi des eaux sulfureuses sera encore utile. Je conseille alors d'administrer, pendant deux ou trois semaines et deux fois par jour, un peu avant les repas, un verre d'une infusion de pensées sauvages, saponaire, douce-amère et salsepareille, additionnée chaque fois de 1 à 2 grammes de bicarbonate de soude.

De même, dans l'*eczéma* non scrofuleux, dans la forme sécrétante et étendue, généralement *herpétique*, quand la constitution n'est pas dégradée, mais que déjà commencent les troubles digestifs et que l'amaigrissement va faire de rapides progrès, la même tisane amère et alcaline sera plus utile que l'arsenic. J'ai vu 18 herpétiques, chez lesquels toutes les préparations arsenicales avaient échoué et n'étaient même plus tolérées, qui se sont bien trouvés de cette médication plus diurétique et plus reconstituante que les eaux bicarbonatées sodiques fortes; plusieurs eczémas, les moins étendus ou les moins invétérés, ont même disparu. Comme la cure des dermatoses exige de cinq à six semaines, je fais reprendre la tisane alcalino-amère à partir du 20º jour jusqu'à la fin du traitement; elle tempère l'action de l'eau sulfurée, augmente l'activité des reins, de l'estomac et des glandes digestives, au moment où, par un commencement de saturation, l'eau minérale pourrait être moins tolérée. Un purgatif léger est souvent nécessaire avant et pendant la cure.

Traitement par le régime, l'hygiène et les eaux minérales. — Arsenic. — Dans l'*arthritis*, le régime a la plus grande importance : l'usage bi-quotidien des viandes, du vin, des liqueurs et des excitants aromatiques est si général, qu'on ne considère pas assez un tel régime comme un excès; c'est le plus dangereux de tous, puisqu'il est continu, et c'est à un défaut d'équilibre entre le gain et la dépense physiologique qu'il faut surtout attribuer la fréquence des *dermatoses arthritiques*. On devra donc réduire à un minimum, suffisant toutefois, la somme des aliments azotés, exclure les excitants de toute nature et prescrire un travail musculaire compatible avec l'état irritable d'une éruption humide.

Tandis que les dermatoses arthritiques reconnaissent pour cause principale l'excès du régime azoté et de certains modérateurs de la nutrition (thé, café, vin et alcool), dans la *dartre* ou l'*herpétis*, la diathèse est plus profonde et plus rebelle; les métastases sont plus fréquentes et plus dangereuses, après la guérison de l'eczéma humide et étendu (*herpétique*); celui-ci récidive souvent, finit par devenir permanent et par se généraliser. Alors, avec les troubles digestifs, l'amaigrissement fait de rapides progrès; et Bazin reconnaît lui-même qu'ici les reconstituants sont seuls indiqués, qu'il n'est plus possible d'employer l'arsenic, ce prétendu spécifique qui n'a pu, ni guérir, ni même prévenir la cachexie. Le seul traitement rationnel et possible de la *dartre* devrait comprendre :
1° l'emploi des eaux *sulfureuses* ou *arsenicales non chlorurées* (Bazin reconnaît aux sulfureux artificiels une action locale modificatrice dans l'eczéma dartreux très chronique; il est fâcheux qu'il n'ait pas fait porter ses expériences sur les eaux naturelles, qui seules constituent la médication sulfureuse);
2° un *régime* particulier, tout à la fois *calmant* et

réparateur : les viandes blanches et les légumes herbacés pourraient ne constituer qu'une alimentation insipide et insuffisante; on doit y ajouter les œufs, le lait, les fromages frais, la plupart des fruits, les légumineuses; proscrire encore tout excitant alcoolique ou aromatique, les viandes noires, les poissons et les crustacés, ne permettre l'usage de la viande rouge qu'un jour ou deux par semaine, à un seul repas, et seulement si l'appétence pour les autres aliments venait à diminuer. Car le changement complet de régime produit chez les végétariens des effets bien dignes d'être remarqués, et la viande rouge elle-même est un excitant : elle grise légèrement les Arabes, ces buveurs d'eau et ces végétariens par nécessité ou par paresse. Logiquement, il faudrait donc remplacer toutes les viandes par des légumes, aliments plus complets et plus faciles à digérer, du moins sous certaines formes, par exemple les farines grasses et azotées des légumineuses. Mais il faut compter peut-être avec de longues habitudes, et surtout obtenir l'appétit et de bonnes digestions; c'est affaire d'expériences individuelles : ainsi, un vin tempérant ferro-tannique, comme le bordeaux, peut être utile chez des herpétiques débilités.

Il est encore essentiel, dans l'*arthritis* et dans la *dartre*, d'interdire les veillées et les travaux excessifs, surtout intellectuels, de conseiller la vie au grand air, les promenades modérées, de faire appel à l'activité musculaire par un sage entraînement, enfin de ne rien négliger pour activer la nutrition et relever les forces. Si à tout cela l'on ajoute la vie à la campagne, au moins une partie de l'année ou une partie du jour, pour les déprimés et les confinés, on aura fait tout le possible dans ces dartres qu'on guérit bien rarement, mais dont il faut s'efforcer de prévenir les métastases dangereuses et les conséquences ultimes.

Bazin considère l'arsenic comme la médication spécifique des herpétides, tandis que toute la clinique prouve que c'est un simple palliatif, encore faut-il l'employer pendant plusieurs mois, et souvent à doses élevées, dangereuses à la longue, tout au moins pour les fonctions digestives qu'il importe avant tout de ménager dans ces maladies *dartreuses*. Il en est d'autant plus ainsi que la solidarité très prochaine, qui unit les fonctions de la peau à celles de l'appareil digestif, fait que les troubles physiologiques de ce dernier retentissent sur la première. Baumès appelait la dartre un *mode vital vicieux*; pour la combattre, à défaut de spécifique, on ne peut que faire appel aux éléments sains de l'organisme et relever la nutrition. Or l'arsenic devient, par un usage prolongé et cependant nécessaire à son activité, un véritable *altérant* des globules sanguins, un poison du foie, beaucoup plus encore qu'un modificateur de la disposition morbide. Les eaux naturelles arsenicales, et surtout les sulfureuses, ont cette supériorité d'être, dans les limites étroites de l'application thermale, aussi reconstituantes que modificatrices.

D'autre part, le médecin de Saint-Louis pensait que le soufre ne convient qu'aux affections scrofuleuses; qu'il exaspère les arthritides et les dartres humides. Mais il basait cette opinion, non sur les résultats de la médication thermale, mais sur des expériences faites avec l'*eau artificielle* de Pouillet, qui possède, selon lui, une action plus énergique que la plupart des eaux naturelles. Les eaux sulfureuses artificielles sont, il est vrai, aussi irritantes qu'inefficaces, et Bazin ignorait malheureusement la puissance des eaux minérales naturelles, *ces eaux vivantes*, que la chimie ne peut reproduire et dont l'analyse la plus complète n'explique même pas toute l'énergie.

Cependant, comme nous l'avons dit, l'eau d'Enghien agit sur la peau, non par des sulfures irritants, mais par son hydrogène sulfuré, qui, étant gazeux et directement absorbable, imprègne toute la circulation cutanée, par sa glairine si abondante, ses silicates et autres substances salines et douces. Cette composition tempère l'excitation que le principe sulfuré produit sur la peau, sans diminuer ses propriétés substitutives et modificatrices.

MALADIES DES VOIES RESPIRATOIRES

Il faut d'abord se reporter à ce que nous avons dit des inhalations et des pulvérisations (chap. II), des actions diverses des eaux d'Enghien (*sédative, excitante, élective sur les voies respiratoires, modificatrice;* chap. III).

Les eaux d'Enghien ont donc une action substitutive et décongestionnante sur les voies respiratoires, et cette action reconstituante et modificatrice sans laquelle l'action locale est souvent éphémère. Aussi sont-elles depuis longtemps en possession du traitement des affections catarrhales aériennes, depuis le coryza et la pharyngo-laryngite jusqu'à la bronchite et la pneumonie chroniques. Ce sont les maladies les plus fréquentes qu'on observe à Enghien; ce sont aussi celles où l'action de ces eaux est la plus rapide et la plus efficace. Déjà, en 1853, avant la découverte de nos sources les plus sulfurées, de Puisaye n'hésite pas à dire « qu'il ne connaît pas de meilleur mode de traitement des affections catarrhales rebelles que les eaux d'Enghien, qu'il n'est pas de malades qui, s'y étant soumis, n'en aient éprouvé l'heureuse influence ».

Coryzas chroniques. Amygdalites, pharyngites et laryngites chroniques. — Il y a contre-indication des eaux d'Enghien : 1° dans les néoplasmes de mauvaise nature (carcinome et sarcome); 2° dans les processus ulcéreux des membranes aériennes, d'origine dyscrasique (ulcérations tuberculeuses, syphilitiques, cancéreuses, lupeuses); et dans les périchondrites de même nature.

Indications et traitements. — Les eaux d'Enghien sont indiquées dans les formes suivantes : A. *Catarrhes chroniques des fosses nasales (simple, hypertrophique, naso-pharyngien)*; B. *Amygdalites, pharyngites catarrhales et granuleuses* ; C. *Laryngites chroniques (commune, sèche, hypertrophique non infectieuse).*

Parlons d'abord du *traitement local.*

A. **Catarrhes nasaux et naso-pharyngiens.** — La première indication à remplir consiste à débarrasser les fosses nasales des produits de sécrétion qui les encombrent; dans ce but, on emploie la douche nasale liquide tiède, dirigée obliquement vers l'orifice de la trompe d'Eustache, et la douche alternativement nasale et pharyngienne dans le catarrhe naso-pharyngien. Ces douches, doivent précéder l'inhalation et la pulvérisation dont l'action sera plus directe après ce premier lessivage. Dans la salle d'inhalation, on utilisera les appareils à grillage, qui ont une pression considérable; et les tambours, à pulvérisation plus ténue, en faisant devant ces derniers de profondes inspirations, pendant que la bouche reste fermée. — Il y a une douche pharyngienne, à jet plein, qu'on prend dans le bain sulfureux.

B. **Amygdalites, pharyngites.** — On emploie : les gargarismes avec l'eau de Puisaye, la douche pharyngienne à jet plein, les inhalations avec pulvérisations fines, et les douches tamisées par les appareils à grillage.

C. **Laryngites chroniques.** — On emploie : 1° les inhalations et les pulvérisations fines (aux appareils à tambour); 2° la douche pharyngienne (dite alors *laryngienne*) pendant le bain général, administrée sur les parois du cou, et sur la muqueuse du pharynx, car il y a souvent pharyngo-laryngite.

Le *traitement général* (eau en boisson, bains et grandes douches) étant commun à toutes les affections catarrhales, c'est par lui que nous terminerons (voir *Bronchites et pneumonies chroniques*).

Indications particulières dans les différentes formes de laryngites. — Les *érosions du larynx*, assez fréquentes dans le catarrhe chronique, surtout aux cordes vocales et à la partie inter-aryténoïdienne, ne contre-indiquent pas le traitement local, comme les ulcérations d'origine dyscrasique. Les inhalations et les pulvérisations doivent cependant être plus courtes, la muqueuse étant plus irritable et le terrain plus mauvais.

La *laryngite sèche* est caractérisée par une sécrétion moins liquide que dans le catarrhe commun, avec des croûtes épaisses, adhérentes aux cordes vocales. Ces croûtes manquent rarement sur les bords des cordes et vers la commissure antérieure, parfois aussi on en voit vers la paroi postérieure et dans l'espace inférieur du larynx; dans la forme chronique, la muqueuse est d'un gris sale, sous la sécrétion, parfois injectée ou même couverte d'un enduit hémorrhagique (*Gottstein*). On a décrit une *laryngite hémorrhagique* (avec des croûtes épaisses sanguinolentes, très adhérentes aux cordes vocales), qui se rattache à la *laryngite sèche*. Dans cette dernière, il y a des cas où se produisent d'épaisses croûtes sans hémorrhagie; d'autres fois, chez le même malade, les croûtes épaisses peuvent paraître, tantôt teintes de sang, tantôt complètement indemnes d'éléments sanguins. L'aphonie varie plusieurs fois par jour depuis le simple enrouement jusqu'aux accès de toux spasmodique. Les inhalations avec pulvérisations fines facilitent l'expectoration des produits desséchés de la sécrétion, et préviennent de nouvelles accumulations. En conséquence, l'aphonie et la toux diminuent tout d'abord, avant la guérison complète.

La forme hypertrophique a reçu le nom de *laryngite sous-muqueuse chronique*, parce que le tissu sous-muqueux est épaissi et dur; l'hyperplasie symétrique occupe surtout l'épiglotte, la paroi postérieure du larynx, les cordes vocales et la région sous-cordale. Le siège de prédilection de l'hyperplasie est la section sous-cordale, de là le nom de *laryngite hypoglottique chronique hypertrophique*. Au point de vue du traitement, comme de l'issue, il faut considérer la cause :

1° Si l'*hypertrophie* provient d'une laryngite aiguë, ou si elle s'est développée sous l'influence d'un excès vocal, d'un refroidissement, pourvu qu'il n'y ait ni tuberculose ni autre infection, l'issue sera favorable. Le traitement par les pulvérisations se présente d'abord, d'autant plus que les crises d'étouffement (comme les quintes de la laryngite sèche) sont en grande partie occasionnées par l'entassement et le dessèchement d'un mucus tenace que l'expiration devenue plus difficile ne peut plus entraîner. En dehors de la médication sulfureuse, il ne faut pas compter sur la disparition spontanée de l'infiltration, qui est rare; le plus souvent il survient une induration durable du tissu sous-muqueux. C'est dans ce cas, comme dans la *laryngite sèche* qui est *herpétique*, qu'il faut absolument recourir au traitement thermal complet.

2° Si l'infiltration du tissu conjonctif repose sur une base *syphilitique*, la pulvérisation sera plutôt nuisible, mais les bains sulfureux et l'eau en boisson, à petites doses, donneront à la médication spécifique une puissance nouvelle. Dans ce cas, l'affection peut se dissiper dans l'espace de quelques semaines. J'en ai observé deux cas aux eaux d'Enghien.

3° Enfin, si l'infiltration est d'origine *tuberculeuse*, avec ou sans ulcérations, il y a contre-indication des inhalations et surtout des pulvérisations, qui peuvent aggraver le processus. Les *laryngites tuberculeuses* sont, de toutes les phtisies, les moins curables. Toutefois, lorsque la marche n'est pas aiguë, on doit essayer les injections sous-cutanées de créosote distillée (voir la *Phtisie*), et, s'il y a tolérance, augmenter progressivement les doses; sinon, il n'y a rien à espérer. L'infiltration *carcinomateuse* est plus grave encore.

Au début de ces laryngites infectieuses, l'examen laryngoscopique laisse souvent des doutes sur la véritable origine de l'infiltration *syphilitique, tuberculeuse* ou *cancéreuse*. De même, dans les *rhinites ulcéreuses*. On doit alors essayer, même chez les vieillards, un traitement antisyphilitique, surtout ioduré.

Les catarrhes hypertrophiques non infectieux, soit des fosses nasales, soit du larynx, demandent un traitement plus prolongé, et plus souvent renouvelé, que les catarrhes sans épaississement.

Les eaux d'Enghien sont encore indiquées, et beaucoup de spécialistes les conseillent : 1° après l'ablation des *néoplasmes de bonne nature* (papillomes plus fréquents chez les enfants, et polypes laryngiens, kystes, lipomes, myxomes très rares dans le larynx, mais fréquents dans les fosses nasales); 2° après le curettage ou la section des *tumeurs adénoïdes* du pharynx nasal, d'autant plus que les porteurs de tumeurs adénoïdes sont presque toujours des enfants lymphatiques, quand ils ne sont pas de parfaits scrofuleux.

La pathogénèse de ces néoplasmes des premières voies est obscure : cependant on met en première ligne le catarrhe chronique comme cause de leur développement. En effet, plusieurs formes de tumeurs, surtout les papillomes, sont précédées ou accompagnées d'inflammations chroniques du larynx; on voit quelquefois, dans ces dernières, de petits cercles rouges sur les cordes vocales; Gottstein tient ces points rouges pour des productions papillomateuses qui deviennent souvent des polypes. C'est un motif de plus pour combattre à leur début les catarrhes laryngiens.

Du traitement d'Enghien, local et général. — Il faut d'abord remarquer que l'eau finement pulvérisée a une action directe sur toutes les parties malades, même dans les anfractuosités où les médicaments liquides ne pénètrent pas, tandis que l'application du galvano-cautère ou les cautérisations chimiques, si utiles que soient ces moyens, doivent être limitées avec soin, pour éviter les délabrements de la muqueuse.

D'autre part, les catarrhes chroniques, quelque peu durables, résistent le plus souvent aux traitements exclusivement locaux; les spécialistes, qui n'ont pas sous la main les traitements par les eaux minérales, s'efforcent d'y suppléer par une autre médication générale qui n'a pas la même énergie. Aussi la plupart de ces médecins recommandent-ils les eaux minérales, dès que la saison le permet. Pendant plus de douze ans, le Dr Fauvel a soigné un très grand nombre de ses malades près les eaux d'Enghien : il faut bien croire qu'il les trouvait excellentes. Si la valeur du traitement d'Enghien est universellement reconnue, c'est qu'il constitue une médication complète, élective sur les voies respiratoires, et modificatrice de la constitution.

Toutefois, les Parisiens qui viennent *faire des inhalations à Enghien*, suivant leur expression, et se hâtent entre deux trains de bâcler leur traitement, négligent deux conditions essentielles : 1° l'*hygiène indispensable* pendant la cure thermale : repos de l'organe malade, tranquillité d'esprit, absence de fatigues physiques, régime non excitant, suppression des poussières irritantes de la ville, air pur et calme de notre station abritée du nord, avec cette humidité qui tombe des arbres et qui est nécessaire au larynx; 2° les *bains* et les *douches*, qui sont un complément indispensable dans la majorité des cas.

Ces moyens balnéaires, ainsi que l'eau en boisson prise trois fois par jour et avant les repas, s'adressent à la constitution et à l'état diathésique. Mais le public ne comprend que les choses simples et mécaniques : puisqu'il y a laryngite, il suffit d'aspirer une poussière d'eau sulfurée (de même le spécialiste applique localement un médicament liquide); partant, on doit guérir sans autre auxiliaire. Les phénomènes vitaux, et surtout morbides, n'ont pas cette simplicité; ils sont au contraire toujours complexes. Les refroidissements et l'excès vocal ne sont que des causes occasionnelles; les vraies causes sont constitutionnelles ou héréditaires; sans quoi, parmi ceux qui abusent du chant ou de la parole, aucun n'échapperait à la laryngite, et ils en auraient le privilège exclusif, ce qui est le contraire de la vérité. Le lymphatisme, l'arthritis, l'herpétisme et aussi un affaiblissement héréditaire ou acquis, voilà les causes profondes contre lesquelles nous n'avons pas trop de tous nos moyens.

Bronchites et pneumonies chroniques. — *Action des bains et des douches générales.* — Les bronchites et les pneumonies chroniques reconnaissent les mêmes causes que les inflammations précédentes et nécessitent le même traitement complet. Mais ici un autre préjugé vient souvent entraver la direction médicale : les douches et les bains, dont on ne comprenait pas l'utilité dans les affections des premières voies, vont paraître dangereuses dans les bronchites. Car le public confond l'action du bain simple et celle du bain d'eau minérale : le premier est émollient et nous laisse sans défense contre les refroidissements, le second stimule la peau, non seulement à la surface, mais profondément; il y amène une action physiologique, et parfois thérapeutique, plus puissante qu'une révulsion locale. Un traitement d'eau en boisson et en inhalations est très incomplet, et bon seulement pour les stations qui ne possèdent pas l'eau en abondance ou manquent des installations convenables.

L'action des bains et des douches est trop importante, même dans les affections des voies respiratoires, pour que nous ne lui consacrions pas une courte analyse. Cette action est *révulsive, reconstituante* et *modificatrice* : 1° dans tous les cas, il y a une *révulsion cutanée* et un appel à l'activité de toutes les autres fonctions. On sait le rôle que joue la révulsion par les irritants et les cautères dans les maladies des voies respiratoires. Avec les bains et les grandes douches, il ne s'agit plus d'une vive irritation localisée en un point, mais d'une excitation de tout le tégument externe, et l'étendue, la répétition quotidienne, en un mot l'intensité de cette médication amène des effets qu'on ne saurait attendre des autres révulsifs ; 2° *action reconstituante* : les douches froides, chaudes, écossaises dont l'hydrothérapie a révélé toute la puissance, *peuvent à elles seules reconstituer les forces* ; 3° *action modificatrice* : les douches et les bains sulfureux augmentent la résistance aux refroidissements ; ils combattent, et c'est un point plus essentiel encore, les maladies primaires, comme l'arthritis, la scrofule et l'herpétisme, d'abord par la suractivité de la peau, c'est-à-dire de la plus grande surface éliminatoire, et souvent par une dérivation thérapeutique qu'ils favorisent tout au moins et qui devient alors un élément de guérison (rappel de douleurs ou d'éruptions anciennes, etc.).

Or les maladies primaires, la faiblesse constitutionnelle et, dans une certaine mesure, les refroidissements, sont les trois principales causes de toutes les affections catarrhales. Nous n'insisterons pas sur ce sujet, car, dans les applications de l'eau d'Enghien à la tuberculose pulmonaire, on pourra se rendre compte de la véritable puissance de nos eaux. Nous constaterons alors combien la médication sulfureuse conserve encore d'énergie contre les congestions et les pneumonies pérituberculeuses, et nous comprendrons mieux son efficacité contre des inflammations chroniques non infectieuses, souvent rebelles, il est vrai, à d'autres médications, mais relativement bénignes et portées par un terrain beaucoup moins mauvais.

Asthme et coqueluche. — Deux maladies, l'*asthme catarrhal* et la *coqueluche*, se rattachent aux maladies précédentes par l'un de leurs éléments.

L'eau d'Enghien, avec ses inhalations, trouve une application spéciale dans l'asthme entretenu par le catarrhe, avec ou sans emphysème. Il y a guérison si l'élément inflammatoire domine. Dans le cas où l'élément nerveux semble primer l'autre, les malades se trouvent encore soulagés par un séjour quotidien de 30 minutes dans les salles d'inhalation; il y a souvent sédation à peu près complète de la dyspnée qui reparaît quelques heures après, mais presque toujours en se modifiant.

Par contre, dans l'*asthme essentiel*, l'inhalation n'a pas d'effets favorables, mais les douches ont une action réelle. De Puisaye les appliquait d'après la *méthode perturbatrice* (douches puissantes, chaudes ou froides suivant les cas, et surtout la douche écossaise); il mentionne deux cas de guérison.

Dans la *coqueluche*, l'inhalation produit une sédation marquée et une amélioration progressive; les lavements gazeux constituent une médication plus rapide encore. Ce traitement est mieux supporté et plus favorable vers la fin de la période ascendante, ce qui peut abréger d'un ou de plusieurs mois cette maladie si longue, et prévenir les complications les plus dangereuses.

APPLICATIONS SECONDAIRES

Nous les rattachons directement aux applications spéciales, parce qu'elles se présentent ordinairement dans des maladies qui reconnaissent la même origine diathésique que les dermatoses et les catarrhes des voies respiratoires. La phtisie pulmonaire fermera plus naturellement le cycle de toutes les autres maladies, qui, le plus souvent, lui ont préparé le terrain.

Névroses et névralgies. — L'eau d'Enghien est contre-indiquée dans l'hystérie (sans mélange de neurasthénie), dans l'épilepsie et les névroses d'un caractère protéiforme qui attaquent simultanément ou successivement divers organes.

Elle est indiquée : 1° dans les névroses qui portent principalement sur les fonctions de nutrition (gastralgie, névrose gastro-intestinale avec dyspepsie gazeuse, élément herpétique ou rhumatismal); — 2° dans les névroses localisées du sentiment ou du mouvement (névralgies d'un nerf comme le sciatique, et même dyspnée nerveuse avec accès graves). De Puisaye donne plusieurs observations de ces maladies où le traitement d'Enghien fut favorable (obs. 85 à 90). Le traitement qui lui a le mieux réussi a été, indépendamment de l'eau en boisson à *dose graduée*, l'emploi de douches générales fraîches et de la douche écossaise, dans le but de raviver les fonctions de la peau et d'apporter en même temps une perturbation dans le système nerveux.

Dans les affections nerveuses avec dépression, comme la *neurasthénie idiopathique* (sans albuminurie ni autre cause organique), les eaux d'Enghien sont très bien indiquées; on prescrit les *bains mitigés*, et parfois les *bains d'eau pure*, admirablement supportés par quelques neurasthéniques; les douches tièdes d'abord, puis tièdes et fraîches, plus rarement l'écossaise, souvent la douche froide. Un cas d'*atonie nerveuse générale* chez un homme de vingt-six ans, publié par de Puisaye (obs. 84), est remarquable par des symptômes de neurasthénie, de sensibilité hystérique et de dyspepsie gazeuse. Le malade guérit complètement après un traitement d'un mois.

Dyspepsies. — Dans les dyspepsies gastro-intestinales atoniques, l'action stimulante de l'eau d'Enghien réveille l'appétit, fait cesser les douleurs qui

4.

accompagnaient les digestions et reconstitue l'état général. Le traitement consiste en boisson à petites doses graduées, en bains tièdes, et en irrigations locales chaudes données sur le ventre à travers l'eau du bain, au moyen d'une serviette tordue, donc à très faible pression. Des malades, qui devaient une première guérison à *Plombières*, se sont très bien trouvés, dans les saisons suivantes, de nos bains avec irrigations, suivis de douches générales en arrosoir. Un certain nombre, atteints de dyspepsie rebelle alternant ou coïncidant avec des manifestations herpétiques ou arthritiques, retirent de l'usage des eaux d'Enghien une amélioration que Vichy ou d'autres eaux alcalines avaient été impuissantes à leur procurer.

Appareil génito-urinaire. — L'eau d'Enghien convient : 1° dans les cas de *métrite chronique atonique*, et surtout ceux où domine l'état catarrhal, caractère saillant de la métrite chez les lymphatiques et les herpétiques ; 2° dans les catarrhes de l'appareil urinaire en l'absence de tout état aigu ou névralgique.

Le professeur Rayer déclarait que si l'eau d'Enghien doit être classée au premier rang pour son efficacité dans le traitement des catarrhes des voies respiratoires, il avait constaté également sa non moins grande efficacité dans le catarrhe de la vessie, indépendant de la présence de corps étrangers et des rétrécissements de l'urètre.

Maladies chirurgicales. — Avant Bordeu, Bonnes était l'*eau d'arquebusade*; aujourd'hui c'est plutôt *Barèges*. A Enghien, nous voyons des raideurs articulaires, des atonies musculaires, des plaies et des engorgements par suite d'accidents, des ulcères variqueux. Nous obtenons d'excellents résultats avec nos bains d'eau sulfureuse pure, nos bains mitigés, nos douches chaudes ou écossaises. Les blessés très affaiblis trouvent ici une eau revivifiante, plus douce aux plaies et moins excitante que Barèges.

CHAPITRE VI

APPLICATION SPÉCIALE DE L'EAU D'ENGHIEN
DANS LA TUBERCULOSE PULMONAIRE CHRONIQUE

Dans l'état actuel de la science, il n'y a point d'antiseptique général à opposer au bacille de Koch. Le Dr Burlureaux, qui a obtenu des succès remarquables dans la phtisie lente, en employant la créosote distillée à hautes doses, estime que ce médicament n'est pas un spécifique, qu'il agit surtout à titre dynamogénique. Cependant, sur 215 cas de tuberculose pulmonaire, il a obtenu 5 guérisons et 70 résultats excellents. Moi-même j'ai obtenu avec sa méthode 2 guérisons complètes, dont l'une a été constatée par le Dr J. Simon, médecin des hôpitaux, six mois après son diagnostic affirmé par écrit.

De même l'eau sulfhydriquée d'Enghien n'a pas une action directe sur les bacilles, isolés au milieu des tubercules et entourés d'une coque protectrice. Mais ce que la nature peut faire chez quelques malades qui guérissent spontanément, ce que la créosote fait plus souvent encore, l'eau d'Enghien l'accomplit aussi dans les cas curables, par son action modificatrice de la nutrition et par son action élective sur les organes respiratoires, car elle imprègne de son principe sulfuré, sinon le bacille et son tubercule, du moins le tissu pulmonaire qui l'entoure, et peut lui communiquer une propriété antibacillaire, comme le prouvent les expériences du Dr Niepce. Après les cures sulfureuses, les bronchites sont plus rares, les poussées inflammatoires pérituberculeuses s'éteignent peu à peu. Le poumon devient par conséquent plus résistant aux inflammations qui précèdent la fonte du tubercule; celui-ci, isolé dans un milieu devenu impropre à son évolution, subit la loi de tout parasite auquel on supprime les moyens de vivre et de multiplier, il tend à disparaître; il peut continuer sa marche régressive jusqu'à la concrétion crétacée, et comme nous le prouverons bientôt, cette transformation se fait le plus souvent sans ramollissement préalable. On peut donc dire que l'eau d'Enghien, tout à la fois par son action générale et par son action élective sur les poumons, *tue le bacille en lui coupant les vivres*.

Il faut cependant exclure de la thérapeutique thermale les formes aiguës de la phtisie pulmonaire, à savoir : la granulie, la phtisie galopante, la phtisie rapide. Ce n'est que dans les formes chroniques que l'on peut intervenir utilement.

Mais l'eau sulfureuse n'étend pas son action curative à tous les cas de phtisie chronique, et il faut établir ici des différences fondamentales. Dès 1869, dans notre premier essai sur les eaux d'Enghien, nous avions admis deux formes bien différentes l'une de l'autre : une *phtisie chronique* dont la marche est *continue*, plutôt par suite d'une altération constitutionnelle que du fait de la lésion, et une *phtisie lente* avec périodes d'arrêt ou de simple rémission. Comme je l'ai établi alors, l'eau d'Enghien a une action curative remarquable dans cette dernière; elle n'en a pas dans la *phtisie* que j'ai appelée *chronique continue*, à moins toutefois que l'on ne parvienne à modifier le mauvais état général, par un ensemble de moyens hygiéniques et hydrothérapiques que nous indiquerons.

Il est d'un grand intérêt de remarquer que, pour la créosote, le Dr Burlureaux a noté les mêmes échecs dans les formes à progression ininterrompue, soit aiguës, soit chroniques, les mêmes succès dans la forme chronique lente.

A tous les points de vue, il est capital d'établir les caractères différentiels des deux formes chroniques. En 1879, dans ses *Eaux-Bonnes comparées*, Pidoux, par une vue profonde qui jette sur ce sujet une vive lumière, distingue ainsi les deux formes chroniques : la *phtisie primitivement générale* et la *phtisie primitivement locale* (tout en déclarant qu'il existe de très nombreux faits intermédiaires). La phtisie chonique continue est primitivement générale ; la phtisie lente avec arrêts est primitivement locale.

Sans pouvoir comprendre tous les faits dans un tableau rapide, nous donnerons les principaux caractères de ces deux formes, chroniques l'une et l'autre, mais si différentes par la marche, le pronostic et les résultats thérapeutiques.

Phtisie chronique continue. — Elle est surtout caractérisée par l'apparition précoce et la persistance de symptômes généraux graves, comme la fièvre et l'amaigrissement, et leur disproportion évidente avec l'étendue et le degré des lésions locales. En effet, s'il y a continuité et comme une période d'état dans l'ensemble des symptômes généraux, ce n'est pas que la lésion progresse constamment du début jusqu'à la fin, et mène la marche avec rapidité, comme dans la *phtisie commune rapide et envahissante*; ici, c'est une forme réellement chronique qui a une durée beaucoup plus longue. La tuberculose, assez limitée pendant les premiers mois, peut rester longtemps à la période congestive. Mais, alors que les lésions tuberculeuses naissantes, à peine au premier degré, n'occupent qu'une faible étendue du sommet de l'un des poumons, plus tard, quand apparaissent quelques points de pneumonie partielle, il y a toujours un défaut de rapport entre ces lésions restreintes et l'épuisement général et prématuré. Ce sont des individus maigres et chétifs bien avant la phtisie, débilités depuis longtemps par de mauvaises conditions hygiéniques, ou dont les parents étaient eux-mêmes phtisiques ou épuisés par des maladies chroniques. Que la phtisie soit héréditaire ou acquise, la fièvre est précoce, fréquente sinon continue, la maigreur prononcée, l'anorexie complète. Qu'on veuille calmer l'état fébrile ou réveiller l'appétit, on échoue presque toujours avec les médicaments. Il y a une irritabilité excessive qui semble tenir beaucoup plus à l'état particulier de la constitution qu'à la lésion elle-même ou qu'au tempérament nerveux ou sanguin, qui est celui de bien des malades dont l'état s'améliore dans l'autre forme chronique. Tantôt le malade succombe aux progrès du dépérissement et d'une lésion relativement peu étendue, tantôt cette phtisie chronique se transforme en phtisie aiguë.

La phtisie continue est parfois acquise sous l'influence de causes morales ou hygiéniques dont l'action a été rapide, et ceux qui en sont atteints ne présentent pas alors, du moins au début, cet aspect de déchéance physique qui est le cachet de la phtisie constitutionnelle. Par exemple, il y a dans l'armée beaucoup d'hommes vigoureux, sans tare héréditaire, sans antécédents personnels et chez lesquels la maladie évolue avec la plus désespérante régularité. Au point de vue étiologique, il est intéressant d'opposer cette *phtisie à marche continue* de soldats vigoureux à la *phtisie lente* des amateurs de chasse dont parle Pidoux : « Ces derniers, généralement robustes et hommes de table (*partant sanguins et arthritiques*) sont très imprudents, très exposés à la pluie, aux refroidissements et aux longues fatigues, mais ils sont plantureusement nourris. » Ils respirent un air assez oxygéné la nuit (au lieu de l'air putride de la chambrée) et l'ozone des bois tout le long du jour; ils ont le plaisir de la marche, la joie de la lutte au lieu de la triste vie de caserne, sans réconfort ni secours moral. Aussi présentent-ils une phtisie lente et curable, malgré une lésion tuberculeuse avancée, parfois même une excavation plus ou moins étendue. « C'est, dit Pidoux, le type de la *tuberculisation locale primitive*..., c'est aussi dans ces cas que nous avons les plus grands succès. » Mais il s'agit déjà de la forme suivante, qui relève de la médication sulfureuse.

Phtisie chronique lente. — Elle a pour caractères, non seulement la lenteur de sa marche, et ces temps d'arrêt ou de rémission qui suivent chaque poussée, mais aussi un état meilleur de la nutrition et des forces qui semble dominer la lésion locale ou n'en est altéré que passagèrement. Dans la catégorie précédente, le poumon était à peine lésé, lorsque l'altération générale était déjà considérable. Ici, au contraire, la constitution, les appareils généraux et leurs fonctions sont épargnés, et tout ou presque tout consiste dans l'altération tuberculeuse locale. On voit que dans cette seconde catégorie les rapports sont complètement renversés. Cette différence en apporte une très grande dans le pronostic et les résultats thérapeutiques. Après les périodes de poussée aiguë, le malade va rentrer dans une espèce de convalescence et reprendre sensiblement, malgré la petite fièvre qui le ronge encore et qui indique la persistance d'une phlegmasie chronique. Mais l'influence de celle-ci se borne à un léger amaigrissement et à une faible manifestation fébrile le soir (moins de 39°), sans frisson au début et sans sueurs partielles vers la deuxième partie de la nuit. A cette époque de la maladie, les reconstituants relèvent assez rapidement les forces; mais aucun n'a la puissance de l'eau sulfureuse pour combattre les inflammations pérituberculeuses, faire cesser la petite fièvre symptomatique et imprimer au poumon une modification de longue durée. C'est à cette période de la phtisie lente que certains auteurs font allusion, quand ils disent que l'eau sulfureuse est indiquée dans la phtisie subaiguë; et c'est pour avoir confondu les deux formes chroniques, si différentes l'une de l'autre, que d'autres médecins ont interdit l'usage des eaux, toutes les fois qu'il y avait de la fièvre. Et cependant, comme Pidoux aux *Eaux-Bonnes*, nous avons toujours constaté que dans les formes lentes l'eau sulfhydriquée d'*Enghien*, donnée à doses substitutives, fait cesser avec les pneumonies partielles la petite fièvre qui en était le symptôme.

A cette forme appartient la *phtisie torpide*, à marche plus lente encore, fréquente chez les scrofuleux.

Le traitement thermal est le plus souvent contre-indiqué dans la forme chronique continue. Nous dirons, à la fin de ce chapitre, ce qu'on peut tenter dans cette phtisie dont la chronicité nous permet encore une certaine intervention, parfois efficace, impossible dans les phtisies aiguës.

Au contraire, dans la *tuberculose chronique lente*, avec rémissions, l'eau sulfurée constitue une médication puissante. Dans toutes les maladies infectieuses, c'est dès le début qu'il faut lutter contre un envahissement de plus en plus redoutable; la tuberculose pulmonaire ne fait pas exception à cette règle : l'eau d'Enghien est indiquée tant qu'il n'y a pas cachexie, et en conséquence, surtout pendant les deux phases initiales, à savoir : la phase *congestive* et la phase *inflammatoire*. Nous ne les décrirons pas, mais notre sujet nous oblige à rappeler les principaux signes qui les séparent nettement l'une de l'autre et la seconde du ramollissement tuberculeux ou 2e degré.

Période congestive : respirations anormales. — Les principaux symptômes sont : l'*inspiration rude et basse*, la plus précoce et la plus fréquente; l'*expira-*

tion prolongée, puis *soufflante*, plus tard *sèche et rude*, tandis que l'*inspiration* devient de plus en plus *faible* ; la *respiration saccadée* qui occupe l'inspiration de préférence ; la *diminution du son* dans la région sus-claviculaire coïncidant avec un affaiblissement du murmure respiratoire.

Le professeur Grancher a insisté sur la valeur de ces respirations anormales (faible, rude, saccadée) pour le diagnostic au début de la tuberculose pulmonaire chronique. Il fait remarquer que, quand elles sont *localisées* au sommet, surtout au sommet gauche, et *permanentes*, ces respirations anormales imposent à elles seules le diagnostic, sans aucun signe adventif, craquements, etc.

Tous ces signes acquièrent une plus grande valeur encore, quand le terrain est suspect (chloro-anémie rebelle, scrofulisme, hérédité, antécédents de misère physiologique).

Période inflammatoire : râles crépitants et sous-crépitants. — Si la période congestive était caractérisée par les respirations anormales, sans autres signes à l'auscultation, la période inflammatoire est surtout celle des râles crépitants et sous-crépitants.

Dès lors la matité s'étend dans les régions sous-claviculaire et sus-épineuse, le murmure respiratoire devient plus faible ou tout à fait nul, le plus souvent dans l'inspiration, tandis que l'expiration est plus soufflante et plus prolongée.

Le *râle crépitant*, plus rare que le sous-crépitant, est très limité ; il est fin et sec, multiple comme celui de la pneumonie ; il n'est perçu qu'à l'inspiration et se transforme plus tard en râle humide. Les professeurs Cornil et Grancher ont démontré que c'est un bruit de déplissement vésiculaire exagéré des alvéoles voisins des lésions.

Le *râle sous-crépitant*, beaucoup plus fréquent, à bulles moins fines et moins nombreuses, est le signe habituel de la période inflammatoire. Souvent, dans le principe, il ne s'entend que dans l'inspiration, plus tard à peu près également dans les deux temps. En même temps les bulles deviennent plus abondantes et plus humides.

Les craquements secs et humides sont aussi des signes de la phtisie commençante et n'indiquent nullement le travail de ramollissement de la lésion. Depuis les recherches de MM. Cornil et Grancher, sur le mode de production du râle crépitant, on peut rattacher le *craquement sec* au *râle crépitant*, et le *craquement humide* au *sous-crépitant humide*. Les craquements sont des bruits vésiculaires de même ordre que les râles crépitants de la pneumonie. Ils sont seulement isolés au lieu d'être confluents, ce qui est dû au volume plus petit des noyaux et à la moins grande abondance des alvéoles alternativement comprimés par les tumeurs et dilatés ensuite par l'inspiration.

Le *râle sibilant* a une valeur diagnostique, lorsqu'il est circonscrit à la région sus-épineuse et sus-claviculaire, surtout s'il est mélangé avec le râle sous-crépitant.

« La plupart des auteurs, disent les professeurs Hérard et Cornil, ont considéré le râle sous-crépitant (*ainsi que les craquements secs*) comme l'indice du ramollissement tuberculeux. Or, c'est là une des plus graves erreurs qui puissent se commettre, une des plus préjudiciables au malade que l'on suppose parvenu à une période de la tuberculisation beaucoup plus avancée qu'elle ne l'est en réalité. Ce signe caractérise la congestion et d'autres états anatomiques du poumon susceptibles d'être avantageusement modifiés et même guéris. » Plus d'une fois, en effet, ces professeurs ont vu le râle sous-crépitant disparaître sous l'influence du repos et du traitement; d'autres fois ils ont trouvé, à l'autopsie, une *induration pneumonique sans ramollissement* dans les points qui avaient été le siège pendant la vie d'un râle sous-crépitant persistant.

Périodes congestive et inflammatoire, les plus favorables à la cure. — Après cette étude sommaire des périodes initiales (1er degré), nous possédons les notions nécessaires pour indiquer les *époques les plus favorables* à l'administration des eaux minérales. Pidoux pensait que, pour le succès de la médication thermale, il est plus essentiel de se préoccuper de l'état général d'un malade que du degré anatomique de ses lésions. Cependant la phtisie *primitivement locale*, livrée à elle-même, se généralise à la longue, dans la plupart des cas; ce qui s'explique depuis que Villemin a découvert la *virulence* de la tuberculose (1865), et que Koch, en recherchant l'agent infectieux, a trouvé le *bacille* qui porte son nom. D'où la nécessité d'une intervention de plus en plus précoce, comme dans toute maladie infectieuse. Par là la question a retrouvé une importance plus générale et plus justifiée encore que celle que lui accordaient les anciens hydrologues.

« La période de ramollissement des tubercules contre-indique les Eaux-Bonnes, dit Andrieu, à moins qu'il ne s'agisse d'une lésion très limitée. » Le ramollissement d'une masse un peu importante de tubercules, avec fièvre, même dans un seul poumon, contre-indique en effet le traitement thermal.

De Puisaye dit, au contraire, que « l'époque la plus favorable à l'administration des eaux d'Enghien est la *deuxième période*, en raison du *ramollissement des tubercules* et de la crainte moins grande du renouvellement de l'hémoptysie ». Il y a là une erreur manifeste : la fonte des tubercules amène une trop grande perturbation générale, une aggravation trop brusque dans la marche de la maladie, pour qu'elle soit la période la plus favorable à la médication sulfureuse; tous les hydrologues sont d'accord sur ce point qu'il faut choisir pour donner les eaux les temps d'arrêt ou de rémission, une période lente sans fièvre continue.

Et cependant la première partie de la proposition de Puisaye est vraie, en ce sens que la *deuxième période de la maladie* est une des époques favorables; le reste demande une explication. Cet auteur appuyait son opinion sur une statistique de vingt-trois cas (trois années aux eaux d'Enghien); elle comprenait : 1 guérison au 2ᵉ degré; 15 améliorations (dont 6 au 1ᵉʳ degré, période congestive, — 8 au 2ᵉ, — 1 au 3ᵉ degré); 7 cas sans résultats. Pour connaître la véritable classification anatomique des 8 cas d'amélioration attribués par l'auteur au 2ᵉ degré, il suffit de se rappeler qu'il écrivait en 1853. Il croyait alors, avec Barth et Roger et les auteurs contemporains, que le *craquement sec* et les *râles sous-crépitants* étaient les *signes les plus positifs* et *les plus constants* de la présence des tubercules *arrivés à leur période de ramollissement*. Or nous savons aujourd'hui que les craquements (râles crépitants disséminés) et les râles sous-crépitants, même humides, mais encore assez fins, sont les symptômes des pneumonies partielles périTUBERculeuses. Par suite de l'erreur générale sur la signification de ces râles, l'inspecteur d'Enghien a dû forcément attribuer au 2ᵉ degré des cas qui appartenaient à la période initiale inflammatoire. De là son erreur inévitable d'où il a logiquement déduit une règle équivoque, d'autant plus fâcheuse en pratique thermale que, devenue classique, elle a survécu à l'idée fausse d'où elle tirait son origine, et qu'elle semble encore guider beaucoup de praticiens qui attendent, pour nous envoyer leurs tuberculeux, qu'ils soient devenus d'incurables phtisiques.

Me basant sur mes premières observations aux eaux d'Enghien plus encore que sur la découverte de Villemin, je crois avoir écrit le premier, en 1869, que l'eau sulfureuse est surtout indiquée pendant les périodes initiales (*congestive* et *inflammatoire*).

En effet, si la *deuxième période de la maladie* ou

phase inflammatoire est une époque favorable à la cure thermale, en pratique comme en théorie, la médication sulfurée est plus applicable encore pendant la *première période* ou *phase congestive*. Pidoux, qui a eu une pratique considérable aux Eaux-Bonnes, dit : « Il est un certain nombre de phtisies lentes et froides primitivement générales que nous réclamons. Les malades n'ont pourtant aucun signe positif de tuberculose bien localisée dans les poumons. C'est alors qu'on devrait nous les adresser, mais on ne le fait guère que lorsque la toux augmente et que l'oreille commence à percevoir des bruits morbides. C'est une faute. L'apyrexie, la crudité des productions morbides sont des conditions qui nous permettent d'agir encore favorablement. Plus tard, le ramollissement des tubercules, la fièvre hectique et les phlegmasies gastro-intestinales s'opposeraient à une bonne cure. » Ainsi Pidoux recommande l'eau sulfurée pendant la phase tout à fait initiale, et même dans des cas qui appartiennent à la phtisie primitivement générale (plus tard *continue*), mais avant la période fébrile. Ceci nous conduit à la *prophylaxie par les eaux sulfureuses* : il y a des malades qui portent le cachet de la phtisie constitutionnelle ou que l'hérédité désigne pour cette maladie; quoiqu'il n'y ait ni respirations anormales ni râles d'aucune espèce, le terrain appauvri reste sans défense contre une contagion plus ou moins prochaine. Si nous pouvons assez souvent isoler des tubercules en pleine voie d'évolution, dans une étendue limitée du tissu pulmonaire, nous pouvons mieux encore, avant l'apparition du parasite, lui rendre le terrain réfractaire. En même temps qu'une hygiène parfaite et le choix d'un climat favorable [1], les doses très fractionnées d'eau du Roi, les inhalations courtes, les bains tièdes ou l'hydrothérapie sulfureuse fortifient la constitution

---

1. Voir p. 82.

et communiquent au poumon une *propriété antibacillaire* [1].

Hyperémie. Hémoptysies. — A toutes les phases de la tuberculisation, il y a hyperémie concomitante : dans la toute première phase, il y a *hyperémie trophique tuberculeuse*, nécessaire au développement du tubercule et circonscrite aux points mêmes où il est en voie de germination, tandis que dans les autres phases l'hyperémie rayonne, par irritation, du tubercule formé aux points du parenchyme intact pour y engendrer la congestion, l'hémorrhagie ou l'inflammation. Cette *hyperémie nourricière* des granulations et des tubercules, *voilà l'ennemi*. Il importe donc de la modifier, de l'empêcher, pendant qu'elle est encore localisée, de devenir rayonnante et d'aller au loin altérer le parenchyme. Or, nous avons prise sur l'hyperémie : le moyen classique, qui est à la portée de tous et que nous employons nous-mêmes, est la révulsion cutanée. Mais, point capital, les effets consécutifs de la révulsion ne sont pas à longue portée. L'eau d'Enghien, sédative de la circulation, douée de propriétés substitutives tempérées par l'acide sulfhydrique, et stimulante des grandes fonctions éliminatrices, décongestionne peu à peu, plus profondément et pour une période beaucoup plus longue.

De Puisaye compte 6 améliorations (sur 15) pendant la période congestive, et il en aurait eu une proportion plus grande, si l'on n'attendait pas trop souvent les plus grands désordres avant de recourir à la médication sulfureuse. Quant à sa crainte de l'hémoptysie pendant la première période, il faut distinguer entre les hémoptysies tuberculeuses et l'hémoptysie thermale. Les premières, quand elles sont abondantes, indiquent ordinairement des formes graves, comme dans la phtisie *ab hemoptoë*; dans ces cas, il faut combattre la congestion (ipéca, térében-

[1]. Voir p. 90.

thine, etc.), laisser passer le flot des hémoptysies, et n'envoyer aux eaux minérales que lorsque la lésion, arrivée d'ailleurs au 2e ou 3e degré, s'est limitée elle-même. Bien différente, l'hémoptysie thermale n'est jamais abondante; Pidoux *n'a jamais vu une conséquence fâcheuse à ces sortes d'hémorrhagies factices et éphémères*. De Puisaye lui-même, avec cette expérience que donnent vingt ans de plus, m'a dit souvent qu'il ne redoutait pas l'hémorrhagie thermale, et que l'amélioration ne tardait pas à suivre cette saignée locale que l'eau d'Enghien provoque d'ailleurs assez rarement. On sait que l'hémoptysie est plus fréquente aux Eaux-Bonnes. « N'est-ce pas l'honneur de nos eaux de manifester sur les poumons une action plus intime que leurs congénères? » disait Pidoux. On peut lui répondre, avec Durand-Fardel, que les eaux d'Enghien sont moins excitantes que les Eaux-Bonnes, d'abord parce qu'elles sont froides, et qu'ensuite on ne trouve pas dans leurs conditions topographiques les causes de trouble pour l'appareil pulmonaire que peut entraîner l'altitude des Eaux-Bonnes (790 mètres). Mais il y a une raison plus péremptoire que toutes celles qui ont été données sur cette différence d'action : les Eaux-Bonnes contiennent surtout du sulfure de sodium, qui est excitant, et moins de 2 milligrammes d'acide sulfhydrique libre, qui est sédatif (analyse de Garrigou); les eaux d'Enghien contiennent surtout de l'acide sulfhydrique qui tempère l'excitation, sans diminuer l'action substitutive dont les effets immédiats doivent toujours être surveillés attentivement, et dont les effets consécutifs ne paraissent pas inférieurs à ceux des Eaux-Bonnes.

Notre statistique prouve que la période congestive et la période inflammatoire sont les plus favorables à l'administration de l'eau d'Enghien. Parmi les nombreux phtisiques que nous avons soignés (1865-1893), nous avons suivi le plus petit nombre pendant plusieurs saisons; pour d'autres, nous avons été renseignés sur leur état, un an ou deux après le traitement thermal; ceci nous fait un ensemble de 90 cas, dont voici les résultats :

	Nombre.	Amélioration.	Guérison.	Même état.
Période congestive..	20	13	4	3
— inflammatoire.	45	30	3	12
2° et 3° degrés......	25	10	1	14
Total.......	90	53	8	29

Remarquons que l'action de l'eau d'Enghien sur la tuberculose, comme celle de toute autre médication, n'étant qu'indirecte et assez lente, la guérison d'emblée devait être exceptionnelle, mais qu'elle peut résulter d'améliorations successives.

En conséquence, nous croyons, comme il y a vingt ans, que l'eau d'Enghien doit être administrée, avec tous les tempéraments nécessaires, dès le début de la *période congestive*; que par ses actions multiples, elle détruira l'hyperémie nourricière des granulations et des tubercules, et qu'attaquer le parasite dans ses subsistances c'est faire obstacle à son développement; qu'à la *période inflammatoire*, nous devons profiter des temps d'arrêt ou des rémissions et ne pas attendre les destructions difficilement réparables. Avec Pidoux, Andrieu, de Puisaye et Astrié, nous affirmons qu'il est possible de rendre ces temps d'arrêt définitifs, et que les eaux sulfurées bien employées y contribuent mieux que les autres médications, moins spécialement modificatrices de la vitalité affaiblie du tissu pulmonaire.

Traitement. 1° *Période congestive.* — L'eau en boisson des sources faibles, Deyeux et Cotte, doit être employée par quarts de verre à la fois. Dans les salles d'*inhalation*, on ne recherchera que les effets de la première période, où l'*action sédative* de l'hydrogène sulfuré et des autres gaz s'exerce sur la circulation et la respiration, et se prolonge pendant quelques heures après la séance; on évitera facilement l'*excitation*, qui ne se produit qu'après quarante à soixante minutes, en prescrivant l'*inhalation simple*, c'est-à-dire employée loin des pulvérisateurs, pendant *dix à vingt-cinq minutes*. A ces doses faibles et graduées, l'eau d'Enghien n'a jamais d'effets consécutifs excitants; elle tend au contraire à décongestionner peu à peu les organes respiratoires.

Les moyens balnéaires sont plus difficiles à manier. Cependant de Puysaye et moi, nous avons prescrit avec avantage des bains mitigés, tièdes et courts (quinze minutes), des douches tièdes en arrosoir sur les épaules, les lombes et les membres, des bains locaux qui ont souvent une action immédiate sur la toux.

Ajoutez à la médication précédente un régime substantiel, non excitant, parfois l'usage prolongé de la viande crue en pulpe, qui restaure admirablement le processus nutritif; les bières légères ou le vin de Bordeaux coupé d'une eau naturelle faiblement minéralisée, l'extrait de malt, etc.

2° *Période initiale inflammatoire*. — Quand elle débute par une poussée aiguë, le repos au lit, la diète lactée, les révulsifs et les contre-stimulants diminueront le danger et la longueur de la crise. Mais cet état aigu tombé, on restera en présence d'une phlegmasie chronique avec fièvre légère le soir. Si l'on attend, pour donner l'eau sulfureuse, que tout état fébrile ait cessé, l'on risque d'atteindre une phase beaucoup moins favorable où les premiers tubercules se ramollissent, tandis que de nouvelles productions morbides envahissent déjà d'autres points. Il faut donc profiter d'une simple rémission, à défaut d'un temps d'arrêt bien caractérisé. Toutefois, à cette période des pneumonies, on doit rechercher une excitation très tempérée que les sulfurées sodiques dépasseraient facilement, et que l'eau sulfhydriquée d'Enghien réalise d'une façon plus parfaite.

Le traitement comprend : l'eau en boisson à petites doses (S. Deyeux et Cotte), l'inhalation simple de quinze à vingt minutes; les bains *locaux*. Quoique, dans l'action élective de l'eau d'Enghien sur les voies respiratoires, l'excitation soit tempérée par l'hydrogène sulfuré, l'action substitutive doit être surveillée avec soin, par le moyen d'une auscultation fréquente; s'il y a lieu, l'inhalation sera plus courte ou même supprimée, on limitera l'eau en boisson à deux quarts de verre par jour. Ce traitement ainsi réduit, avec des séances d'inhalation de dix minutes et progressivement jusqu'à vingt ou vingt-cinq minutes, conserve encore une grande activité, puisqu'il calme la toux et la fièvre du soir, ramène l'appétit et fait disparaître les râles secs et sous-crépitants. Quand l'amélioration doit se produire, ces râles, après une période d'état ou de faible augmentation, diminuent d'abord, puis s'éteignent peu à peu sous l'influence de la médication. Nous savons que les râles sous-crépitants, même humides mais encore assez fins, sont dus à la bronchite ou à la pneumonie concomitante. Le seul signe caractéristique du 2e degré est le râle caverneux à bulles grosses et humides.

3° *Période du ramollissement tuberculeux et des cavernes : 2e et 3e degrés anatomiques.* — L'indication de l'eau d'Enghien persiste encore, quoique très affaiblie. « Lorsque la phtisie est primitivement locale et la constitution respectée, il importe peu pour le succès de la médication sulfureuse que la lésion soit au 1er, au 2e ou au 3e degré. La caverne ne nous effraye pas s'il n'y a d'altération générale d'aucune sorte, ni consomption, ni fièvre, ni dévoiement, ni vomissements dans la toux [1]. » Sans nul doute, mais ces cas sont relativement rares, où une petite excavation s'est

---

1. Pidoux, *loc. cit.*

formée, sans qu'une partie déjà considérable du poumon ait été atteinte. Au début de la phtisie la plus lente, il serait bien souvent illusoire d'espérer que la lésion se limitera spontanément, par la seule force de la constitution. On voit au contraire que dans la plupart des cas, malgré l'usage des préparations arsenicales et de la créosote à petites doses, la phtisie *primitivement locale* tend de plus en plus à devenir générale. Dès lors une tuberculisation double et étendue, surtout à l'époque de la fonte, n'a rien à attendre du traitement thermal, et la marche de la maladie en est souvent exaspérée.

En résumé, ce qu'il faut surtout considérer, relativement à l'opportunité des eaux minérales, aux 2º et 3º degrés, c'est encore la marche et l'étendue de la tuberculisation rapprochées de l'état général. Une lésion circonscrite, serait-ce même une caverne, pourvu qu'il n'y ait ni fièvre continue, ni cachexie, ne contre-indique pas le traitement d'Enghien, qui sera bien toléré et préparera la cicatrisation par des améliorations successives. Il consistera en inhalations de quinze à trente minutes, doses graduées d'eau en boisson, *bains* mitigés tièdes, de quinze à vingt minutes.

Bains et douches. — Il est à remarquer que nous n'avons pas conseillé le bain sulfureux pendant la période inflammatoire, mais seulement à la *période congestive* et à la *troisième période*, quand il n'y a pas d'état fébrile, et avec des précautions relatives à la durée et à la température qui en font, ainsi que la douche en pluie, un révulsif cutané et jamais un excitant général.

La douche en arrosoir, tiède ou fraiche, calme la fièvre *angéioténique* d'apparence nerveuse qu'on observe chez certains phtisiques, dès la période congestive. Cette fièvre, presque constante depuis le début de la tuberculose, n'est pas la même que la petite fièvre irrégulière du soir qui est liée aux phlegmasies chroniques pérituberculeuses. Elle n'est pas non plus symptomatique de la fonte tuberculeuse; car elle n'est pas précédée de frissons ni suivie de sueurs, et la diarrhée, l'anorexie ou les vomissements ne l'accompagnent pas; la chaleur de la peau n'est pas âcre et intense; enfin, elle n'abat pas ses sujets comme la fièvre hectique. C'est une excitation circulatoire générale primitive, entretenue par la tuberculose, mais sans proportion comme sans lien intime et spécial avec les lésions locales.

Quand cette fièvre angéioténique a été calmée par l'hydrothérapie, quand la fièvre irrégulière, symptomatique des pneumonies pérituberculeuses, a disparu également par suite de l'amélioration qu'amène ordinairement la médication spéciale, on peut prescrire des bains sulfureux tièdes et courts. Ils contribuent à relever l'état général et peuvent favoriser les dérivations thérapeutiques chez les arthritiques ou les dartreux. Dans ce dernier cas, l'excitation thermale retentira moins sur le poumon que sur d'autres organes affectés d'éléments morbides, et l'on pourra employer plus largement les bains et les douches. Ils sont encore utiles chez les lymphatiques et les affaiblis.

Choix de la station au point de vue du climat et de l'altitude. — « Le séjour des altitudes est loin de convenir à tous les phtisiques, dit Fonssagrives; et on peut dire que certaines stations hydrominérales sulfureuses leur seraient plus complètement utiles si elles étaient *moins élevées*. L'altitude des thermes est un élément dont les médecins ne tiennent pas assez de compte (*Thérapeutique de la phtisie pulmonaire*, p. 322). » Le même auteur dit encore, page 152 du même ouvrage, « que lorsque la prédisposition aux congestions pulmonaires et aux hémorrhagies existe, il faut éviter surtout les altitudes considérables; et il considère comme telles celles qui sont comprises entre 475 (Allevard) et 992 mètres (Cauterets) ».

Le D\` Lombard, de Genève, qui a réuni sur l'influence des *altitudes moyennes*, comprises entre 500 et 1200 mètres, les documents les plus nombreux et les plus dignes de confiance, dit que la fièvre des phtisiques augmente sur la hauteur et qu'on voit souvent sous cette influence les maladies chroniques de la poitrine prendre une marche aiguë. Les effets pathologiques des altitudes peuvent être résumés d'une manière générale, suivant le D\` Lombard, en ces trois mots : *inflammation, hémorrhagie, asthme.* Il signale sur ces altitudes la fréquence des bronchites, des pleuro-pneumonies, des maladies rhumatismales sous leurs formes diverses, les troubles de la menstruation, l'excitation nerveuse et la perte du sommeil.

La raréfaction de l'air n'est pas sur ces hauteurs la seule cause des effets pathologiques. A ne considérer que la saison estivale, dans les hautes vallées les journées sont très chaudes, les matinées et les soirées sont fraîches et humides; l'atmosphère est tantôt trop calme et trop chaude, tantôt agitée par de violents courants d'air, suivant les vents régnants, l'étroitesse et la profondeur de la vallée, l'hypsométrie du sol. En un mot, dans une même journée, on y observe des écarts très prononcés entre les diverses conditions météorologiques, et les orages y sont plus fréquents que dans la plaine ou dans la haute région montagneuse. On trouvera dans l'ouvrage du D\` Rotureau la confirmation de ce qui précède.

Voici quelques mesures rapprochées de l'altitude de plusieurs sources thermales :

Enghien......	50 mètres.	Ax..........	710 mètres.
Amélie........	278 —	Eaux-Bonnes..	790 —
Saint-Honoré..	300 —	Cauterets.....	992 —
Allevard......	475 —	Le Mont-Dore.	1052 —
Luchon.......	628 —	Barèges.......	1280 —

La pression atmosphérique exprimée en kilogrammes présente, par rapport à celle d'Enghien, une diminution de 1079 kilogrammes pour Luchon, de 1382 kilogr. pour Bonnes, de 1733 kilogr. pour Cauterets et de 2220 kilogr. pour Barèges.

Dans les plus hautes stations alpestres (*climats toniques et très excitants* du Dr Lombard), comme dans l'Engadine supérieure, on fait de la *prophylaxie par l'acclimatement rigoureux*; mais cette prophylaxie ne concerne que les individus exempts d'affections catarrhales, de congestions ou phlegmasies du poumon, et qui doivent à une diathèse héréditaire ou acquise une débilité constitutionnelle suspecte. Remarquons que, même pour ces cas-là, les hautes stations doivent être abritées des vents aigres du nord et de l'est par des montagnes plus élevées, qu'elles jouissent d'une température très égale quoique froide, et qu'elles présenteraient moins de danger pour les catarrheux que la région montagneuse moyenne.

Dans la *région des plaines*, à toutes les périodes de la phtisie, il faut éviter l'air vif et agité des plages septentrionales ou mal abritées, des endroits élevés exposés à tous les vents. Sur les hauteurs de *Montmorency*, à *Sannois*, à *Saint-Germain* (près Paris), les maladies catarrhales des voies respiratoires sont plus fréquentes et plus dangereuses, la phtisie y affecte plus facilement une marche aiguë. A *Enghien*, les phtisies à marche rapide sont si rares dans la population sédentaire que je n'en ai jamais observé; les chroniques y conservent généralement une marche très lente, et j'ai soigné plusieurs tuberculeux qui y ont vécu vingt-cinq et trente ans; c'est un *Pau* du Nord, affirment les malades qui fréquentent les deux stations. Fourcroy écrivait : « Les effets salutaires ou thérapeutiques des eaux sulfureuses d'Enghien seront merveilleusement secondés par les influences physiques de ce pays. » En effet, Enghien est bâti sur le versant méridional de Montmorency, à l'entrée d'une plaine qui s'élève au-dessus des alluvions de la Seine, entre Montmagny et Saint-Leu d'un côté, Orgemont, Sannois et Montigny de l'autre ; loin d'être enserré par ces collines, il est parfaitement aéré, étant découvert au sud-est, au sud et à l'ouest, car les coteaux de l'ouest sont éloignés et n'atteignent leur point culminant qu'au nord-ouest; il est garanti cependant des vents les plus froids par la longue chaîne de collines boisées qui s'étendent depuis *Montmorency* et *Ecouen* jusqu'à la forêt de l'*Isle-Adam*; le sol y est perméable à de grandes profondeurs, comme le prouvent l'écoulement facile des eaux et la taille gigantesque des arbres. Quels que soient les vents, qu'ils soufflent de l'ouest, doux et humides, ou du nord et de l'est, plus secs et plus froids, mais affaiblis par le rempart des collines les plus proches, ils apportent l'ozone des grands bois qui nous entourent au loin de leurs masses profondes, tandis qu'au centre du plateau, les parcs et les vergers s'étendent jusqu'aux bords éloignés de l'Oise. Les bosquets et les jardins font d'Enghien moins une ville qu'une agglomération de villas. Cette végétation luxuriante, le lac lui-même avec sa magnifique ceinture de grands arbres arrêtent les poussières des routes voisines et rafraîchissent l'air brûlant des mois d'été. Toutes ces conditions merveilleuses, qui avaient séduit le savant Fourcroy et dont la plume élégante de Réveillé-Parisse a tracé le riant tableau [1], nous font un milieu favorable, à l'atmosphère pure et calme, avec une tiédeur de l'air et une modération de ventilation chères aux malades et aux natures nerveuses.

Réparation des lésions. Curabilité. Urgence de la médication sulfureuse avant la période d'ulcération. — L'anatomie pathologique nous prouve que les lésions de la tuberculose sont réparables à toutes les périodes. Mais à la *période d'ulcéra-*

---

[1]. *Une saison aux eaux d'Enghien*, 1842.

tion, le processus réparateur est le plus rare et le plus limité. La lésion présente alors l'une des quatre dispositions suivantes : la cavité est occupée par une masse fibro-cartilagineuse; — elle a disparu par accolement des surfaces opposées et il reste une cicatrice fibreuse; — elle persiste et communique avec les bronches (cicatrice fistuleuse de Laennec); — enfin, disposition remarquable en ce qu'elle rappelle la réparation la plus fréquente, elle peut être pleine de matière tuberculeuse crétacée. *Il est très rare de rencontrer dans un poumon plus d'une cicatrice;* par conséquent, si les faits précédents démontrent directement la curabilité de la tuberculose à la période d'ulcération, ils prouvent non moins catégoriquement que la guérison n'est guère possible que lorsque l'altération est peu étendue.

A la période d'*atrophie granulo-graisseuse* (alors que le plus souvent la granulation grise est transformée en tubercule jaune), le processus curateur est beaucoup plus fréquent; il consiste en une dessication complète avec résorption des matériaux organiques; les éléments inorganiques, les sels calcaires augmentent par dépôts successifs, et les produits morbides, arrêtés dans leur évolution, sont transformés en concrétions dont la consistance varie depuis celle du mortier jusqu'à celle de la pierre. Cette heureuse terminaison n'appartient pas uniquement à la tuberculisation discrète et limitée de la forme ulcéreuse; les observations de Lebert prouvent qu'elle peut avoir lieu dans la *forme miliaire disséminée*.

La *transformation crétacée* est, disions-nous, un processus réparateur beaucoup plus fréquent que la cicatrisation du 3º degré. En effet, Rogée [1], observant à la Salpêtrière, l'a trouvé cinquante et une fois sur cent sujets qu'il avait ouverts sans aucun

---

1. Rogée, *Arch. gén. de médecine*, 1839.

choix. Ces concrétions n'étaient pas rameuses comme celles qui appartiennent aux petites bronches ; grosses comme un grain de chènevis ou comme une noisette, elles étaient bien une terminaison du tubercule, puisque l'auteur a trouvé souvent, au milieu d'un tubercule bien caractérisé, une petite masse crétacée ou calcaire. Ce dernier fait prouve d'ailleurs que la transformation s'était faite sans ramollissement. *Il n'est donc pas nécessaire, comme le croyait Laennec, que la matière tuberculeuse soit préalablement évacuée pour faire place au dépôt calcaire.* D'ailleurs il est possible d'observer cliniquement le fait : j'ai vu avec le professeur Parrot, et plus tard à Enghien, des malades expectorer des fragments de matière crétacée, quelques mois après une phlegmasie tuberculeuse du sommet, et sans avoir présenté les symptômes de l'ulcération. Je l'ai vu notamment chez un de mes amis, alors étudiant et soigné par notre vénéré maître le professeur Potain ; il est mort vingt-sept ans après, d'une maladie du foie sans rapport avec la tuberculose.

Les autopsies faites dans les hospices de la vieillesse prouvent donc que la tuberculose peut s'éteindre sur place et souvent sans aucune médication. Ces guérisons spontanées sont un encouragement pour la médecine, car si la phtisie est curable naturellement, elle le sera plus souvent encore par la nature aidée de l'art. Non seulement le médicament doit faire ce que la nature laissée à elle-même serait loin de faire toujours, mais il doit imiter ses procédés. Or la guérison spontanée a lieu le plus souvent avant la fonte du tubercule, c'est-à-dire pendant les périodes initiales ; c'est aussi pour nous le moment d'agir, d'autant plus que le *tubercule* est *infectieux*, et de même qu'on ne saurait s'opposer trop tôt à l'extension d'une suppuration, ce n'est qu'au début qu'on peut empêcher la tuberculisation menaçante.

En résumé, l'anatomie pathologique confirme les résultats de l'observation clinique. Puisque les granulations disséminées peuvent subir elles-mêmes la transformation crétacée, l'époque la plus favorable à la médecine curative comprendra d'abord la *phase tout à fait initiale* où les granulations à peine naissantes sont déjà entourées d'une zone nourricière fortement hyperémiée (*forme chronique*), puis la *période congestive* et enfin la *période inflammatoire*. Plus tard, au 2ᵉ et au 3ᵉ degré, l'indication des eaux d'Enghien persiste, mais très affaiblie, puisque la lésion n'est réparable que si elle est peu étendue.

Considérations tirées de l'état constitutionnel ou diathésique utiles pour le pronostic ou le traitement. — 1° Dans le *lymphatisme*, si la lésion est limitée, les symptômes restent le plus souvent en rapport avec elle et le succès du traitement d'Enghien est assurée.

2° Dans la *scrofule*, avec manifestations ganglionnaires anciennes et rebelles, après des catarrhes persistants, la marche est parfois rapide et l'application des eaux sulfurées devient dès lors aussi difficile que les autres médications.

3° Dans l'*herpétis*, l'*arthritisme* (goutte et rhumatisme), il y a des éléments morbides étrangers au tubercule et moins dangereux que lui; lorsque l'eau d'Enghien réveille un de ces éléments, l'amendement est certain. En conséquence, si le malade est ou a été atteint antérieurement d'une dermatose, de rhumatisme ou de goutte, de gravelle, etc., il y a dans ce fait une indication précieuse en faveur du traitement d'Enghien, et nous l'avons dit, les bains et les douches peuvent trouver ici, comme chez les lymphatiques d'ailleurs, une application très importante. Car ces éléments arthritiques ou herpétiques paraissent être antagonistes du tubercule, puisque revivifiés par l'eau d'Enghien, même très momentanément, ils constituent une dérivation thérapeutique salutaire. Ils sont un signe que le terrain n'est pas complètement usé et livré au parasite sans moyens de défense.

4° Enfin la phtisie, maladie *virulente*, peut être acquise par des individus sans tare héréditaire, indemnes de maladies chroniques anciennes, qui ne sont pas débilités par une *longue* misère physiologique ni par des chagrins dont l'action est parfois foudroyante comme dans la chlorose, hommes véritablement vigoureux et chez lesquels la médication sulfureuse aura son maximum d'effet. En 1871, aux *Eaux-Bonnes*, dans l'ambulance dirigée par Pidoux et Leudet, des jeunes soldats qui avaient contracté la tuberculose pulmonaire pendant le terrible hiver de la grande et malheureuse guerre, supportèrent bien la cure thermale; l'appétit et les forces renaissaient, les inflammations tuberculeuses étaient favorablement modifiées, en un mot, ils étaient en voie de guérison lorsqu'ils quittèrent l'ambulance. Ces phtisies, quoique présentant des altérations assez étendues, étaient pour la plupart accidentelles et primitivement locales. A *Enghien*, quelques paysans des environs, arrivés à la période inflammatoire subaiguë, ont guéri complètement par l'eau d'Enghien, puisée à la source tous les deux ou trois jours et employée en boisson seulement (obs. III dans mon Essai de 1869). Mêmes succès chez quelques ouvriers ou soldats venus aux eaux d'Enghien. Entre autres, un jeune conscrit de l'Est qui présentait tous les signes de la phtisie pulmonaire avec des symptômes de la forme la plus grave, la tuberculose laryngée : respirations anormales et obscurité du son au sommet gauche; toux sèche, fréquente et opiniâtre; *enrouement* et *aphonie* continus depuis trois mois, deux symptômes qui peuvent exister sans qu'il y ait déjà de l'infiltration tuberculeuse; mais les symptômes généraux, l'inappétence, la fièvre continue, l'amaigrissement rapide, avaient une telle prédominance sur les lésions locales que je n'osai prescrire que des quarts de verre d'eau du Roi. Mon paysan qui se sentait *renaître à la vie* buvait trois verres entiers tous les jours, un litre à la fin. Résultats : la fièvre et les sueurs cessent, l'appétit revient; les symptômes locaux s'amendent; ils ont presque disparu à la fin de la cure; et deux ans après, en m'adressant un autre malade, son médecin, le Dr Le Collied, de Neuilly-l'Évêque (Haute-Marne), m'écrit qu'avec l'eau d'Enghien j'ai déjà rendu la vie à un jeune militaire *voué à une mort certaine*. Il présentait, il est vrai, tous les signes généraux de la *phtisie continue*, y compris leur défaut de rapport avec les lésions locales. Mais il était robuste au fond et ce n'était pas les pires causes hygiéniques qui l'avaient préparé à la phtisie, mais seulement trois mois d'exercices militaires en plein hiver, sur le plateau de Langres (exercices de *bleus* assez frigorifiques).

Ainsi tombent devant l'irrécusable témoignage des faits tous ces aphorismes *a priori* que l'eau d'Enghien convient exclusivement dans la phtisie des lymphatiques, qu'elle est trop excitante pour les nerveux, les fébricitants, les sanguins et *tutti quanti*. L'eau sulfhydriquée d'Enghien convient dans toutes les *formes curables*, et celles-ci sont fréquentes chez les nerveux, les arthritiques et les individus indemnes de toute tare constitutionnelle. Elle ne trouve ses véritables contre-indications ni dans la fièvre inflammatoire subaiguë ni dans la fièvre angéioténique entretenue par la tuberculose.

Action antibacillaire de l'hydrogène sulfuré. Conclusion. — Par suite des effets multiples que nous avons analysés, les eaux sulfurées calciques et *sulfhydriquées* d'Enghien ont une action plus sédative et plus décongestionnante du poumon que les autres sulfurées; elles nous offrent donc une médication substitutive et modificatrice, mieux adaptée à la cure des congestions et des pneumonies pérituberculeuses.

Mais elles ont une autre action générale dont nous devons parler.

Les expériences du Dr Niepce sur les crachats tuberculeux dans les salles d'inhalation d'Allevard, celles du Dr Pilatte, établissent d'une façon non douteuse que l'hydrogène sulfuré possède la plus haute puissance toxique à l'égard du bacille, tant au point de vue de l'entrave qu'il apporte à son développement qu'au point de vue de la suppression de la virulence [1]. Après l'hydrogène sulfuré viennent, avec une puissance décroissante, le sublimé, l'hélénine, l'acide phénique et la créosote. Nous ne citerons que l'expérience suivante du Dr Niepce, parce qu'elle concerne l'eau d'Allevard, presque identique à celle d'Enghien, mais moins sulfhydriquée : prenant quatre souris, il leur injectait sous la peau des parties de crachats renfermant des bacilles. Deux de ces souris étaient placées en cage dans une salle d'inhalation d'Allevard, où elles séjournaient pendant un mois, respirant l'air de ces salles, tandis que les deux autres souris étaient restées à l'air libre. Après six semaines, les deux souris qui avaient été exposées à l'action de l'acide sulfhydrique de la salle furent tuées, et l'autopsie permit de constater qu'elles ne présentaient aucune trace de tubercules, alors que les viscères des deux autres en étaient farcis.

Ces expériences rapprochées de cet autre fait d'observation, à savoir la résistance du poumon à l'envahissement tuberculeux après la cure aux eaux d'Enghien, nous autorisent à croire que l'eau sulfhydriquée communique une propriété antibacillaire à l'organisme tout entier, et surtout au tissu pulmonaire plus impressionné que les autres, à cause de sa richesse en vaisseaux sanguins et de l'importance des échanges gazeux qui s'y opèrent (les capillaires du poumon forment une nappe sanguine de 150 mè-

---

1. Hérard et Cornil, 2ᵉ édition.

tres carrés, et, en vingt-quatre heures, il y passe au moins 20 000 litres de sang).

En conséquence, en même temps que l'eau d'Enghien dissipe les phénomènes d'irritation qu'engendre le tubercule, son hydrogène sulfuré communique au poumon une propriété antibacillaire. Par ces actions combinées, la diathèse se trouvera certainement atténuée, c'est-à-dire que le terrain deviendra moins favorable aux formations granuleuses, le tubercule lui-même, isolé au milieu d'un tissu moins susceptible d'être entraîné par lui et n'y trouvant pas les éléments de sa fonte purulente, se desséchera et continuera sa marche régressive jusqu'à la concrétion crétacée. Si l'on attend au contraire la période de ramollissement pour fortifier le poumon par l'eau sulfureuse, son modificateur par excellence, quel effort ne sera frappé d'impuissance devant cette infection qui, d'abord locale, gagne le poumon de proche en proche et finit par envahir toute l'économie!

Traitement de la phtisie chronique continue. — La gravité de cette forme tient principalement à la faiblesse de la constitution. Les signes les plus ordinaires de ce mauvais état général sont la fièvre fréquente, sinon continue, avec simple rémission du matin, sans rapport avec la lésion, l'amaigrissement rapide et l'anorexie complète. Or il nous est arrivé assez souvent de relever la nutrition par l'emploi de l'hydrothérapie simple ou sulfureuse (douches en pluie révulsives très courtes, tièdes d'abord, puis tièdes et fraîches, enfin froides). Sous l'influence de ces douches qui n'excitent que la peau et calment le système nerveux, on peut voir la fièvre disparaître, l'appétit et la digestion s'améliorer, puis peu à peu les forces revenir; on aura transformé ainsi une phtisie à marche continue en une forme plus lente avec un véritable temps d'arrêt (voir obs. I, 1869). Quand les appareils digestif et circulatoire ont ainsi retrouvé une partie de leur résistance normale, on peut agir sans crainte, pourvu qu'on sache proportionner les doses du médicament sulfuré aux susceptibilités du malade. Alors, tout en continuant l'hydrothérapie, nous donnons l'eau d'Enghien en boisson, quarts puis moitiés de verre, deux à trois fois par jour, et inhalation simple de quinze à vingt minutes. Mais la rechute est presque certaine, si l'on n'évite pas avec assez de soin toutes les causes de misère physiologique, et surtout le séjour dans les grandes villes ou dans un air plus ou moins confiné. Une saison hivernale sur une plage méridionale bien abritée peut être très utile, sinon indispensable ; mais, dans tous les cas, il faut prescrire le séjour à la campagne, dans un pays salubre, bien exposé comme la station d'Enghien, une hygiène parfaite, une suralimentation azotée.

Enfin *dans toutes les phtisies lentes, soit d'emblée, soit par l'intervention de la médication précédente*, nous agirons encore en dehors des cures thermales qu'il faut toujours distancer de deux à trois mois.

Médication par la créosote à doses élevées. — Dans l'intervalle des traitements thermaux, la médication qui nous semble la plus recommandable, et qui a fait d'ailleurs ses preuves, est la *médication créosotée*. La créosote, donnée à *doses tolérées* par n'importe quelle voie d'introduction, est incontestablement le meilleur des agents thérapeutiques, l'hydrogène sulfuré n'étant applicable que sous forme d'eau minérale, le sublimé et l'acide phénique étant trop toxiques pour pouvoir être utilisés du moins à doses suffisantes.

La créosote peut être employée par la voie gastrique, quand l'estomac est très résistant, par la voie intestinale, en lavements huileux, mais la meilleure façon de la donner est, sans aucun doute, la *voie sous-cutanée* : 1° parce qu'elle agit ainsi plus puissamment; 2° parce qu'elle ne fatigue ni l'estomac ni l'intestin; 3° parce qu'on peut en faire absorber des doses beaucoup plus considérables. Même dans les cas où la tolérance est limitée, la peau est capable d'absorber plus de créosote que l'estomac; car dans ces cas où la tolérance par la voie hypodermique est très limitée, on peut être sûr que l'estomac est malade.

De plus, le Dr Burlureaux a démontré que la créosote avait la même valeur, comme réactif, au point de vue du pronostic, que la lymphe de Koch au point de vue du diagnostic. Ainsi tout malade qui ne supporte que de petites doses de créosote injectée sous la peau, c'est-à-dire qui éprouve les accidents d'intolérance minutieusement décrits par l'inventeur de la méthode, est un malade qui, étant incurable, ne retirera aucun bénéfice des eaux d'Enghien. Au contraire, tout malade qui supporte la créosote a des chances de guérison d'autant plus grandes que la dose de créosote tolérée est elle-même plus considérable.

La créosote peut donc être employée non seulement comme moyen thérapeutique mais comme pierre de touche, pour savoir si les eaux d'Enghien conviendront oui ou non. L'importance de ce réactif n'échappera à personne, d'autant plus qu'il n'est pas nécessaire qu'il soit employé à Enghien. Chaque praticien peut essayer la tolérance du malade avant la saison thermale et n'envoyer aux Eaux que les cas susceptibles de guérison. Nous lui offrons ainsi un mode de sélection facile, qui lui permettra d'éviter aux moins fortunés un déplacement onéreux, et de ne pas priver les phtisiques curables de la médication sulfureuse, qui alterne très heureusement avec la médication créosotée.

Nous avons déjà expérimenté cette médication dans le cours de 92 et 93, en suivant les conseils donnés par le Dr Burlureaux dans son livre de *l'Antisepsie*. Pour produire de bons effets, la créosote doit être très pure; une créosote, bien que de bonne qualité, distillée entre 202° et 210°, ne donne cependant que 70 pour 100 de créosote injectable. Les 30 pour 100 qui restent sont des produits de tête et surtout de queue qui doivent être rejetés. La créosote injectable est un liquide très fluide, à odeur agréable. Nous l'employons en solution dans l'huile d'olive pure, qui a été préalablement lavée à l'alcool pour enlever l'acide oléique, et chauffée à 110° pour enlever l'alcool. La solution habituelle est celle du Dr Gimbert : 1 gramme de créosote pour 14 d'huile ; et c'est avec son appareil modifié que l'on fait les injections, c'est-à-dire avec l'injecteur sous-cutané des Drs Burlureaux et Guerder, à pression douce et continue ; un écoulement de 20 grammes d'huile par heure est une limite qu'on ne doit pas dépasser. Il faut donc une heure et demie pour injecter 30 grammes d'huile (2 gr. de créosote). On peut aller progressivement jusqu'à 150 grammes d'huile et même 200 grammes. Pour notre part, nous avons injecté à diverses reprises, au même malade, 150 grammes d'huile (10 gr. de créosote) avec une tolérance parfaite et un succès complet.

Les malades auxquels leur médecin n'aurait pas encore appliqué la médication créosotée à hautes doses par la voie sous-cutanée, pourront faire cette cure à Enghien, sous notre direction quotidienne, pendant les interruptions de cure sulfureuse ou avant l'ouverture de l'établissement thermal. La station, par son exposition méridionale à l'abri des vents du nord, par l'égalité de sa température, jouit d'un climat éminemment favorable dans les maladies de poitrine, si bien qu'on peut, pendant une grande partie de l'année, y faire la cure d'air, c'est-à-dire laisser une ou plusieurs fenêtres ouvertes la nuit comme le jour, en choisissant les expositions de l'est à l'ouest (par le sud) et en prenant les autres précautions usitées en pareil cas ; nous l'avons expérimenté depuis longtemps chez quelques malades et dans notre propre famille.

Si nous avons insisté sur le traitement par la créosote, c'est d'abord en considération de sa grande valeur, et aussi parce que nous devons à ce médicament une reconnaissance personnelle. Un de nos enfants, alors âgé de quatre ans, fut atteint en décembre 1892, au 15° jour d'une coqueluche, d'une broncho-pneumonie grave. En janvier, celle-ci diminue d'intensité, mais la coqueluche redouble, avec une telle violence de quintes et de vomissements alimentaires, que l'enfant, déjà très amaigri et épuisé par cinq semaines de fièvre pneumonique, est menacé de succomber rapidement à la double infection; on ne pouvait plus recourir à la quinine qui jusque-là avait été bien tolérée, et l'inanition était complète. Le cas ne comportant pas les injections créosotées à hautes doses, car les crachats ne contenaient pas de bacilles, je fis deux à trois fois par jour une injection hypodermique d'un gramme d'huile à 0,05 centigrammes de créosote pure (donc 10 à 15 centigrammes par jour). Dès le 2° jour, les vomissements diminuent; ils cessent le 5°; le 8° jour, les quintes elles-mêmes ont presque disparu; l'injection n'est plus renouvelée qu'à de rares intervalles; les derniers symptômes de pneumonie se dissipent le 12° jour. La guérison se consolide si bien que la coqueluche n'a laissé aucune trace sur les ganglions bronchiques et qu'une rougeole survenue en mars se termine rapidement sans bronchite ni pharyngo-laryngite consécutives.

On voit par là quel puissant dynamogénique est la créosote. Nous avons l'intention de l'employer largement, concurremment avec les eaux d'Enghien, non seulement dans les tuberculoses chroniques et lentes, mais dans les catarrhes bronchiques, les pneumonies chroniques et les coqueluches rebelles.

CLIMAT

Nous avons déjà tracé la topographie générale de la campagne qui s'étend entre Montmorency et Saint-Leu d'une part, Orgemont, Sannois et Montigny de l'autre. Nous rappellerons seulement qu'Enghien est bâti entièrement sur le versant méridional du coteau de Montmorency et sur le gradin d'Ormesson, qui est comme le promontoire sud de ce beau plateau que limitent deux collines, l'une au nord-est et au nord, l'autre à l'ouest. Ce territoire n'est pas une vallée, mais une plaine plus haute, large et aérée, qui, au nord, domine de ses escarpements les eaux de l'Oise rejetées au loin dans l'ouest. Ce plateau s'élève aussi, comme une presqu'île montagneuse, au-dessus des alluvions de la Seine qui entourent sa base au midi et au couchant, depuis Gennevilliers jusqu'à la forêt de Saint-Germain. Garanti contre les vents froids du nord, mais complètement découvert du sud-est à l'ouest, sa salubrité n'a d'égales que la richesse de ses cultures, la beauté de ses parcs et de ses vergers.

Les rentiers retirés à Enghien, les vieilles familles parisiennes qui viennent depuis trois quarts de siècle dans leurs villas des bords du lac, les quelques médecins de Paris qui y ont fixé leur villégiature affirment que son climat est excellent; ils en attestent les nombreux cas de longévité, l'absence d'épidémies graves, la bonne santé habituelle des habitants. D'autres, qui n'y ont jamais séjourné, propagateurs inconscients d'une calomnie intéressée, accusent Enghien d'être humide. En étudiant successivement le sol et l'écoulement des eaux, l'air, l'expostion, la morbidité et la mortalité, nous espérons apporter des preuves assez fortes pour convaincre les gens éclairés et de bonne foi que non seulement Enghien n'est pas humide, mais qu'il y a peu de stations aussi favorisées au point de vue du climat.

Le sol et l'écoulement des eaux. — La région géologique, connue sous le nom de bassin de Paris, est le bassin modèle, le type par excellence à cause de la régularité avec laquelle sont déposées les couches diverses de terrains [1]. Les géologues en ont comparé les formations successives à une série de vases emboîtés. Cette disposition des couches facilite le passage des eaux dans les profondeurs; mais partout où des argiles étanches s'opposent à la descente verticale du liquide, celui-ci s'étale en nappes souterraines pour gagner obliquement les parties les plus déclives du bassin. Nous ne ferons que mentionner les eaux les plus profondes, provenant des pluies tombées sur les craies de la Champagne et de la Bourgogne, et que des puits, comme ceux de Grenelle et de Passy vont chercher, à plus de 500 mètres, dans les couches des craies chloritées et des grès verts. D'autres nappes, beaucoup moins profondes, se forment dans le terrain tertiaire inférieur ou éocène. « Ainsi que l'ont démontré les recherches de M. Delesse, la Seine coule au-dessus d'autres Seines profondes qui recueillent plus de la moitié de la pluie tombée à la surface du bassin. Les lacs reposent eux-mêmes sur d'autres lacs. Ainsi celui d'Enghien est contenu dans une sorte de vasque, formée par une couche de marne imperméable, au-dessous de laquelle séjournent d'autres nappes d'eau descendues des collines environnantes [2]. » Ce sont ces dernières que font jaillir les 100 puits artésiens creusés dans la campagne riveraine du lac. Mais nous devons reprendre cette étude en partant de la superficie du sol.

Lorsque les eaux pluviales tombent sur un sol imperméable, elles y séjournent et y forment des

---

1. Cuvier, Brongniart, Élie de Beaumont et Dufrénoy.
2. Élisée Reclus.

flaques stagnantes et des marécages; puis, lorsque l'évaporation aura desséché ces couches superficielles, le sol présentera bientôt de nombreuses fissures (marnes irisées dans les départements de l'Est). Rien de pareil à Enghien où le sol s'égoutte rapidement après la pluie, non seulement sur les pentes, mais dans la plaine des puits artésiens où la terre végétale est pulvérulente.

Lorsque les sources cachées restent trop près de la surface, il y a une végétation spontanée de certaines plantes et stationnement appréciable des eaux sauvages après les grandes pluies. Jamais on n'a observé à Enghien ces deux signes d'humidité, ni dans les bas-fonds, ni sur les surfaces horizontales. Le Dr Gillebert avait remarqué que même dans les parties de l'ancien parc, situées à 4 mètres au-dessous du niveau du lac, on ne rencontre jamais aucune des plantes qui végètent dans les terrains humides. Au fond de nos bois, dans nos grands parcs, on ne trouvera ni mares, ni eaux stagnantes, excepté toutefois sur le plateau supérieur de Montmorency et de Saint-Leu (*Champeaux*), où ce phénomène se produit en plein sol de sables et de cailloux, du fait d'argiles étanches trop rapprochées de la surface. Dans nos cultures jamais on n'a recours au drainage ni autres moyens qui facilitent l'écoulement des eaux. La nature du sol nous décharge de ce soin.

Descendons plus avant dans les profondeurs du sol; nous devons rappeler ici la première loi du géologue *Paramelle*, relative aux *sources cachées* : dans chaque vallée ou gorge il y a un cours d'eau apparent ou caché, souvent les deux à la fois; le premier marche à la surface du sol parce qu'il est soutenu par un lit imperméable; celui qui est caché marche aussi sur une couche inperméable, mais *il est recouvert d'un terrain perméable qui ne peut le soutenir à la surface.* Ceci nous explique l'origine des eaux artésiennes du territoire d'Enghien.

La faiblesse du débit des affluents du lac devait faire prévoir l'existence de sources cachées : c'est entre 12 et 18 mètres de profondeur que nos puits artésiens vont chercher l'eau. Ce médiocre tubage et le jet de l'eau qui ne s'élève pas à plus d'un demi-mètre au-dessus du niveau du lac prouvent que c'est bien des pentes environnantes, et même des plus proches, que sont descendues ces eaux artésiennes (nous l'avons dit, Enghien occupe une déclivité continue). Elles ont donc traversé 12 à 18 mètres de terrains perméables. Cette épaisseur paraîtrait-elle bien faible aux esprits critiques? Nous leur répondrons avec le professeur d'agriculture Burat : « Si les eaux pluviales tombent sur un sol perméable d'une grande épaisseur, elles disparaissent sans aucun profit pour la végétation, et le sol ne peut être cultivé.[1] » Qui pourrait cependant soutenir que les terres fertiles sont moins salubres qu'un désert de sable?

En fait, nos terrains appartiennent aux formations de l'époque éocène qui se présentent dans l'ordre suivant de bas en haut, à partir de l'argile plastique : sables — calcaires grossiers (pierre à bâtir) — sables moyens ou de *Beauchamps* (ainsi appelés du nom de la plaine superbe qui, située entre Montigny et Saint-Leu, fait partie de notre plateau) — calcaires lacustres et marnes avec lits de silex intercalés — marnes et gypses.

Les sables et les cailloux occupent les premières couches sur les pentes; ainsi, lors de la construction des égouts de la ville d'Enghien, ils dominaient depuis le haut de la grande rue jusqu'au niveau du lac; les marnes étaient très rares, et je n'ai noté qu'une tranche étroite d'argile imperméable qui, en raison de son inclinaison, ne pouvait retenir les eaux.

Au contraire, dans la plaine des puits artésiens les sables sont plus profonds, et l'on trouve d'abord des

---

1. Amédée Burat, *Applications de la géologie à l'agriculture.*

marnes blanches et grises, facilement pulvérisables en une bonne terre végétale. Ces marnes absorbent 38 pour 100 d'eau qu'elles rendent progressivement aux plantes de la surface, et se laissent ensuite traverser par les pluies. Si ces roches stratifiées et très rapprochées de la surface étaient imperméables, elles retiendraient les eaux qui, stagnantes dans le sous-sol, asphyxieraient les plantes par les racines. Or, la végétation est partout d'une beauté vraiment admirable.

Conséquemment, les eaux pluviales filtrent à travers les sables et les cailloux, les marnes perméables du terrain éocène; puis elles coulent obliquement jusqu'au-dessous d'une première couche d'argile imperméable, mais elles sont retenues par une autre couche plus profonde et également étanche. C'est la première couche, le *plafond*, qu'il faut percer pour faire jaillir les eaux artésiennes. La formation de cette nappe souterraine s'explique donc, d'abord par les 12 à 18 mètres de terrains perméables, puis par l'inclinaison des couches qui est la conséquence du soulèvement des coteaux tertiaires encaissants.

Si notre sol n'était composé que de sables et de grès, comme certaines formations tertiaires, ne retenant ni les eaux, ni les engrais, il résisterait à la culture; il appartiendrait au domaine des bois parisiens (forêts de Montmorency, de Fontainebleau, etc.). Heureusement, la marne donne à cette terre sablonneuse et légère une consistance indispensable à sa fertilité, et les calcaires lui apportent un amendement nécessaire, la chaux carbonatée.

Sur la carte géologique d'Élisée Reclus, les grès et sables de nos collines sont entourés d'une ceinture verte qui indique la présence de la glaise verte tout à fait imperméable. Toutefois ce n'est qu'en quelques points très limités des plateaux supérieurs qu'on trouve des terrains humides, ainsi que les deux petits étangs de Saint-Leu et de Taverny; la végétation forestière est belle et des sources abondantes jaillissent au pied des hauteurs, à Soisy, à Saint-Leu, à Taverny, etc. La glaise verte n'existe donc pas en longues stratifications, ou tout au moins, là où elle s'étend en couche horizontale, des *fractures* de cette roche *remplies* de sable ou *filons* viennent rendre la liberté aux eaux. Voulez-vous saisir le phénomène au sein même de la terre? Descendez jusqu'au fond de la grande carrière d'Orgemont; vous avez devant vous une immense coupe de terrain éocène supérieur; là, dans un cirque de 200 mètres de diamètre, trois sources descendent du sommet de la colline, si abondantes qu'elles empêcheraient l'exploitation des chaux et des plâtres, si par l'artifice d'un petit bassin creusé dans le plancher de la carrière, elles ne continuaient à filtrer jusqu'aux nappes souterraines. Comment n'ont-elles pas été arrêtées par les glaises vertes et des assises puissantes de pierres à chaux très compactes et de gypse saccharoïde? C'est qu'elles suivent des filons de sable qui remplissent les fractures de ces roches depuis la terre végétale jusqu'aux sources profondes. Un filon sablonneux principal de 20 mètres de largeur se prolonge à travers tous ces terrains depuis Orgemont jusqu'à Sannois.

Ces preuves géologiques méritaient d'être mentionnées, mais elles n'étaient pas absolument nécessaires à notre thèse : car, sur le sol d'Enghien, et spécialement autour du lac, la végétation acquiert une puissance extraordinaire, avec des arbres aux proportions colossales soit en hauteur soit en largeur, arbres superbes qui défient ceux des plus fières collines de tout le bassin parisien. Quiconque, après les avoir admirés, se rappellera combien sont étiolés et chétifs les végétaux dont les racines rencontrent des glaises étanches, pourra affirmer que le sol d'Enghien est perméable à de grandes profondeurs.

En conséquence, seule une végétation parfois excessive peut donner un peu d'humidité : ainsi, à

Eaubonne, au sommet de Montmorency, quelques habitations trop entourées de grands arbres sont plus humides que les villas du bord du lac, et le bas quartier situé entre le lac du Nord et la voie du chemin de fer a cessé d'être humide, depuis qu'on y a tracé des avenues et des jardins potagers; c'est le quartier d'Enghien qui s'est peuplé le plus rapidement et qui présente le moins de malades. D'ailleurs la légère humidité qui tombe des arbres ou s'élève des eaux est utile aux organes respiratoires; pour la supposer insalubre il faudrait la confondre avec les miasmes paludéens. Mais la salubrité dépend exclusivement de la pureté de l'air, de l'exposition du sol, de la qualité des eaux et de leur écoulement. A tous ces points de vue, Enghien présente les conditions les plus favorables : sur une vaste ellipse, ouverte au midi et en plusieurs points de l'ouest, des forêts couronnent les hauteurs, depuis *Montmorency* (2 000 hectares de bois) jusqu'à l'*Isle-Adam* (1 700 hectares), et depuis *Montigny* jusqu'à *Orgemont*; d'autres encore sur un second plan, à l'est, depuis les collines de *Montmagny* et d'*Écouen* jusqu'à la belle et sombre forêt de *Carnelle* qui compte à elle seule 1 000 hectares, à l'ouest, la forêt de *Saint-Germain* (4 508 hectares), doublent ce rempart de verdure qui ozonifie l'air et le purifie au passage des vents régnants. Tous ces bois réunis couvrent plus de 10 000 hectares, les trois quarts de la forêt de Compiègne, mais avec des cultures intercalées. Des eaux de pluies, qui tombent dans notre vallée et ne sont pas retenues par le réservoir forestier, les unes s'écoulent sur les pentes rapides jusqu'au lac et ses affluents, les autres s'engouffrent par les filtres de sable et de cailloux jusqu'au grand lac souterrain, d'où elles rejaillissent belles et pures par les puits artésiens pour fertiliser nos champs et augmenter l'alimentation du lac visible.

L'air; l'exposition. — Un savant estimé, feu le

Dr Gillebert-Dhercourt, a établi, par de nombreuses observations hygrométriques *poursuivies pendant plusieurs années* (nous avons été témoin de sa persévérance), que l'air des bords du lac d'Enghien renferme moins d'humidité que celui des bords de la Seine.

Cependant, les promeneurs qui descendent de Montmorency par la route des Chesneaux, située sur le versant nord-ouest du coteau, ceux qui viennent d'Ermont, de Sannois ou de Franconville, villages exposés au nord, trouvent l'air d'Enghien moins vif et moins froid, ils en concluent qu'il est plus humide. Cette différence de température ne peut être invoquée comme une preuve d'humidité ; elle est même un avantage pour le climat d'Enghien, car les catarrheux, les rhumatisants, les nerveux et surtout les phtisiques supportent mal l'air agité des hauteurs ou la température froide des versants septentrionaux. C'est à notre station qu'ils viennent demander cette tiédeur de l'air et cette ventilation modérée, qui leur sont si nécessaires. « Les effets physiologiques ou thérapeutiques des eaux sulfureuses d'Enghien seront merveilleusement secondés par les influences physiques de ce pays. » Ainsi s'exprimait le savant Fourcroy, et il entendait par là non seulement la douceur et le calme relatif de l'atmosphère, mais la pureté d'un air rafraîchi et revivifié par une belle végétation et par des vents, qui, quoique moins violents et moins froids, y exercent presque constamment leur salutaire influence. Une série de collines boisées, peu élevées au-dessus de la plaine, qui s'étendent au loin en un vaste demi-cercle, atténuent l'action des vents du nord, sans en arrêter toutefois le souffle parfois bienfaisant.

Tout ce que venons d'avancer trouve une éclatante confirmation dans l'étude suivante.

Épidémies. Morbidité et mortalité. — Quand des épidémies d'angines, de bronchites et de pneumonies sévissent dans les villages environnants,

Enghien est alors manifestement préservé; on y observe bien des cas isolés, mais les épidémies graves y sont inconnues; les rougeoles et les scarlatines beaucoup plus bénignes qu'aux environs. Les angines diphtéritiques ne s'y propagent pas d'une maison à l'autre, et les quatre cas de croup de l'hiver dernier, les seuls depuis plus de vingt-cinq ans, en sont la preuve. Sauf les cas originaires de Paris, la fièvre typhoïde y est extrêmement rare, car depuis que l'alimentation de la ville est assurée par les eaux de l'Oise, cette maladie a presque disparu, et les quelques cas généralement bénins qu'on y observe encore, à de longs intervalles, prouvent seulement que les eaux de rivière sont toujours suspectes. Jamais, même autrefois, on n'y a constaté cette *épidémie de maison* qu'on peut voir dans des fermes isolées et qui est due à l'infection du sol. Cette immunité que tous les médecins et les Parisiens eux-mêmes ont constatée est assez extraordinaire pour qu'on l'ait attribuée au voisinage des sources. Une telle influence ne pourrait guère s'exercer que dans l'établissement thermal, mais il y a d'autres causes qu'on peut invoquer : pour les maladies inflammatoires simples ou infectieuses, l'heureuse exposition d'Enghien; pour les maladies infectieuses proprement dites, l'ozone de l'air, l'isolement des habitations, condition inconnue dans les villages, souvent plus insalubres que les villes. En effet, dans la grande rue elle-même, les deux lignes de maisons sont protégées en arrière, par des parcs et des jardins; dans les autres rues, la plupart des maisons sont isolées les unes des autres et entourées d'arbres et d'arbustes. Quant aux fièvres paludéennes, exception faite des cas rapportés des colonies, depuis trente ans, on n'en a jamais observé ni à Enghien, ni dans la plaine plus basse qui s'étend entre Saint-Gratien et Soisy, et où de très nombreuses villas se sont élevées, comme par enchantement, autour du lac du Nord.

Statistique. — En dix ans (1883-1892), il y a eu à Enghien 360 décès (39 morts-nés non compris, 128 décès d'étrangers non compris). Sur ce nombre, on compte : par maladies des voies respiratoires, 40 décès; phtisie pulmonaire, 43; autres tuberculoses, 15; diphtérie, 1; fièvre typhoïde, 3; rougeole, 5; entérites et péritonites, 12 (dont 2 puerpérales); affections cardiaques, 34; cérébrales, 32; cancer, 25; maladies des reins, du foie, diabète, névroses et autres chroniques, 39; athrepsie, 25; faiblesse congénitale, 5; morts violentes (suicides d'étrangers), 26; sénilité, 55.

360 décès en dix ans, soit 36 par an; pour une population de 2 200 en 1883, de 2 426 en 1886, de 2 670 en 1891, soit une moyenne de 2 407 habitants, 36 divisé par 2,4 milliers donne *15 pour mille et par an*. Encore faut-il déduire 25 suicides d'étrangers, reste *14 pour mille*; tandis que la mortalité de la France entière a été de 20,71 (1881-1890), celle de Paris de 24,85 (sans compter les 8 à 10 000 petits Parisiens qui meurent en nourrice avant un an, ce qui porte le chiffre vrai de la mortalité à 30 pour mille).

Les étrangers, c'est-à-dire les personnes qui ne séjournent dans la commune qu'à partir de la fin d'avril et qui, n'ayant pas été recensées, n'entrent pour rien dans la population de 2 407, ont donné 128 décès en dix ans, presque tous dus à des maladies chroniques. Le rapport de ces 128 décès à une population flottante est très difficile à établir. Cependant on peut estimer à 3 000 le nombre des personnes qui passent à Enghien *quatre mois* d'été en moyenne (non compris les malades aux eaux, tandis que leurs décès comptent à la statistique). En tenant compte de trois causes d'erreur qui peuvent se compenser (d'une part : mois d'été et population dans l'aisance; d'autre part : derniers mois d'existence de beaucoup de chroniques), j'ai trouvé une mortalité de 17 pour mille. Tout cela n'est qu'approximatif.

Mais pour la population sédentaire, nous appelons l'attention sur les faits suivants : — 1° mortalité de 14 pour mille; — 2° 61 décès seulement par maladies aiguës à côté des 299 autres décès; — 3° 55 décès par sénilité, près du sixième de l'ensemble; — 4° pendant les trois années de grippe (1890-1891-1892) il y a 17 décès par maladies des voies respiratoires (non tuberculeuses), soit 2,37 pour mille, tandis que pendant les sept années antérieures, il n'y en avait eu que 23, soit 1,36 pour mille (pop. 2 400).

Du moulin de Sannois. — D'un point culminant et central, il est facile de reconnaître la topographie générale d'un pays; on pourra ainsi vérifier l'exactitude de nos assertions relativement à ce territoire que nous appellerions volontiers un *plateau entre monts*, autant qu'on peut comparer les collines aux montagnes. Pour cela, montez au moulin de Sannois, à 100 mètres au-dessus d'Enghien, vous verrez qu'entre Montmorency et Orgemont le sol s'abaisse moins que dans une vallée, qu'il relie les deux sommets par un véritable plateau, qui domine la Seine profondément encaissée sur sa rive droite. Plus loin s'étendent des plaines alluviales par Gennevilliers, Argenteuil et Achères; ici, à nos pieds, c'est une plaine plus élevée, bordée de collines qui courent au loin sans écraser leur piédestal; car elles n'apparaissent pas avec toute leur altitude de 160 mètres, parce que leur support a déjà de 60 à 70 mètres, tandis que *l'Hautie*, plus haute de quelques mètres seulement, mais située au confluent de la Seine et de l'Oise, se dresse comme une montagne à l'horizon le plus éloigné. A l'entrée méridionale de cette plaine, Enghien, aux villas inondées de verdure, s'élève sur les dernières pentes de Montmorency, tandis que son faubourg ouest, prolongé par une avenue, n'est séparé de la brèche d'Orgemont que par une montée beaucoup plus courte que l'autre versant; son lac, avec sa ceinture de grands arbres, à peine plus bas que la colline voisine, aux trois cimes inégales, apparaît comme un lac dans une région de montagnes. Du haut de cet observatoire de Sannois, d'où la vue embrasse de grandes étendues, vous admirerez surtout cette plaine haute, large et fertile, protégée du nord par une série de coteaux qui s'étendent de l'est au nord-ouest, découverte partout ailleurs, opposant toutefois aux trois presqu'îles que forme la Seine, à sa sortie de Paris, le triple front montagneux d'Orgemont, de Sannois et de Montigny-lez-Cormeilles. Dans ce pays si beau et si salubre, Enghien occupe un site plus privilégié encore par son exposition méridionale et son aération parfaite. N'imitez donc pas ces *croisés ridicules*, dont parle Chevalier fils, qui, du temps de *Péligot* (1820), avaient juré de détruire Enghien par la seule puissance d'un préjugé : *Enghien est humide* était un mot d'ordre qu'on devait propager et qui n'avait pas besoin de preuves. Considérez que si la partie la plus humide de la vallée de la Seine est comprise entre Melun et les Andelys, Enghien, avec ses bonnes eaux sulfureuses et sa merveilleuse situation, s'élève comme un sanatorium au-dessus et en dehors de la vallée de la Seine.

FIN

TABLE DES MATIÈRES

Eaux sulfurées calciques d'Enghien 1

CHAPITRE I
Propriétés physiques et chimiques 9

CHAPITRE II
Inhalations et pulvérisations. — Lavements gazeux. — Bains et douches. — Calorique natif et calorique artificiel 13

CHAPITRE III
Du mode d'action de l'eau d'Enghien 20

CHAPITRE IV
Indications générales. — Applications communes : scrofule, syphilis, chlorose, rhumatisme 28

CHAPITRE V
Applications spéciales : dermatoses. — Maladies des voies respiratoires. — Applications secondaires 43

CHAPITRE VI
Application spéciale de l'eau d'Enghien dans la tuberculose pulmonaire chronique 65

Climat 97

www.ingramcontent.com/pod-product-compliance
Lightning Source LLC
Chambersburg PA
CBHW070529100426
42743CB00010B/2017